The Matching Relationship between Competence of Top Management and Growth of Enterprises

高管人员胜任力与企业成长匹配关系研究

· 乐国林◎著 ·

图书在版编目（CIP）数据

高管人员胜任力与企业成长匹配关系研究/乐国林著．—北京：经济管理出版社，2019.12
ISBN 978 -7 -5096 -5535 -1

Ⅰ.①高…　Ⅱ.①乐…　Ⅲ.①企业管理—研究　Ⅳ.①F272

中国版本图书馆 CIP 数据核字(2019)第 137214 号

组稿编辑：申桂萍
责任编辑：刘　宏
责任印制：黄章平
责任校对：陈　颖

出版发行：经济管理出版社
（北京市海淀区北蜂窝 8 号中雅大厦 A 座 11 层　100038）
网　　址：www. E－mp. com. cn
电　　话：（010）51915602
印　　刷：三河市延风印装有限公司
经　　销：新华书店
开　　本：720mm×1000mm/16
印　　张：12.5
字　　数：234 千字
版　　次：2019 年 12 月第 1 版　　2019 年 12 月第 1 次印刷
书　　号：ISBN 978 -7 -5096 -5535 -1
定　　价：58.00 元

前 言

高管人员作为企业组织的“大脑”，他们的思维、智慧和行动力几乎决定了企业经营的命脉，他们的岗位胜任力基本主导了整个企业组织经营业绩和竞争力，而企业成长的阶段性、周期性和任务环境的不确定性，又反过来要求高管人员的胜任力必须具有适应性、可变性和弹性。通过对国内外研究的追溯发现：很多学者都是从相对静态的一个侧面或角度对经营者或领导者的胜任力进行研究，相当多的学者认为或者默认高管人员的胜任力具有通用性，能够适合企业发展的不同情境和状态。

直到近年来，特别是智能互联时代的到来，越来越多的实践人士和学者发现高管人员的胜任力研究成果在商业实践中面临诸多挑战。就企业发展而言，企业生存和竞争的高度不确定性，特别是在企业成长和发展的不同阶段，他们面对的组织内外部环境有很大的差异，经营者将面对不同的任务情境，因此，他们所需要动用的胜任力要素存在较明显的差异。由此，一些研究者开始关注高管人员胜任力与企业成长的关系，或者说从企业成长角度来探析经营者胜任力的素质特征。

本书将高管胜任力置于动态变化的企业成长情境中来考察其演化发展的理想形态。一是从管理实践提出研究设想和研究价值。二是分类整理高管胜任力相关研究文献，提炼研究主题和重点。三是提出高管胜任力与企业成长的相关理论，如胜任力理论、企业生命周期理论、演化理论和高阶理论等，作为本书的理论分析工具。四是将整个研究置于管理情境视角，从情境角度分析高管胜任力的演化和匹配的必然性。五是从企业成长四个阶段的任务情境分析着眼，对各阶段高管胜任力的要素结构进行理论探讨，然后进行高管胜任力与企业成长动态匹配的问卷调查，将调查结果与理论逻辑进行比较分析，修正理论研究的观点，进而提炼获得高管胜任力与企业成长要素匹配的分析模型。接着引入史玉柱和巨人集团的成长演化案例，分析史玉柱在巨人生命周期中所体现的胜任力变化。最后，分析影响高管胜任力演化的影响因素，并提出提升高管胜任力的对策建议。

通过层层推进的分析讨论，获得了高管人员胜任力与企业成长匹配关系的多项研究结果。一是提炼总结得出高管人员胜任力包括若干共性胜任力要素构成胜任力的一般模型，其要素包括：概念思维胜任力、战略管理胜任力、领导组织胜任力、管理控制胜任力和自我管理胜任力。二是指出企业成长情境不同，其任务和目标也会不同，这种任务情境的变化必然要求高管人员调整其胜任力结构要素以保持企业的持续成长。通过分析企业各阶段成长任务环境的变化，从理论上发现并总结了企业生命周期各阶段高管人员胜任力的演化结构。三是通过比较获得高管人员胜任力与企业成长的匹配关系的理论分析与调查结果的一致性和差异性。总体而言，高管人员胜任力演化的理论分析与调查结果，一般有两项是比较一致的，如创业阶段的“机会能力”和“学习能力”、稳定发展阶段的“战略规划能力”和“整合资源能力”等，不过二者的差异和分歧仍然十分明显。比如，在知识技能胜任力方面，两者在创业阶段的机会把握和市场感知能力方面基本是一致的，但受访经理人更强调行业工作经验的重要性，这在理论分析中并没有出现，而理论分析所主张的“组织能力”“资源整合能力”和“学习创新能力”均没有成为受访者看重的创业高管胜任力选项。四是互联网时代，企业通过深入嵌入 VUGA 互联网商业环境，搭建或融入产业生态与大数据平台，创新性地构建与实现服务用户的价值主张、产品结构和盈利模式，企业使用分布式平台化组织结构和激活个体的领导方式，其企业高管胜任力要符合擘画愿景文化引领、合作伙伴教练式领导，良好的互联网思维和创新与变革的企业家精神的领导力特征。

在理论分析、探索性调查和案例讨论基础上，本书获得四个有创新价值的观点或结果。一是提出高管胜任力情境演化的三个视角：企业成长与竞争的动态情境与高管人员胜任力演化、企业的组织情境与高管人员胜任力演化和高管及其团队胜任力的自组织演化。二是通过理论分析与调查结果对比提炼获得高管胜任力与企业成长匹配协同的分析模型。三是提出并初步验证了高管背景胜任力与企业成长关系问题。研究结果证实“有创业经历、有大企业高管经历、高管经历时间长”的企业高管能够胜任企业各阶段的企业经营管理，而“任职行业数量多”的高管未必能够胜任企业各阶段的经营管理。四是互联网时代企业高管胜任力内涵和结构具有许多“新质”，如高管需要具有基于互联网思维与创新的概念思维胜任力、基于资源用户与平台生态的战略整合胜任力、基于平台团队的组织协同胜任力等。

目　录

第一章 导论

自哈佛大学教授戴维·麦克利兰（David McClelland）提出“胜任力”概念以来，胜任力已经成为人力资源管理研究和实践应用的热点思想和论题之一，随着研究和应用的推进，人们从关注岗位或个体的胜任力逐步转移到关注管理者胜任力对企业成长和竞争力的短期绩效和长期结果的影响，关注管理者胜任力对企业经营战略、组织文化和其他管理职能的影响。越来越多的企业认为可以利用胜任力来识别其领导团队的行为是否可以带领整个企业达到预定的发展目标。这一点随着智能互联时代企业面对高不确定性与高迭代性商业环境，以及新生代员工个体价值管理的凸显，变得越来越重要和关键。作为领导团队的高层管理者，他们的能力和精神品质是否满足企业发展的需要？他们的胜任力是否能够动态适应企业生命周期的演化？这些越来越成为管理者胜任力研究和企业家研究的热点论题。

一、问题的提出

自 1841 年美国西部铁路公司设立负责线路运营的职业经理肇始，伴随着经营权与所有权分离的现代企业制度的产生，以及专业从事企业经营与组织管理的“经理阶层”的出现，职业经理人已经成为现代企业创业发展、竞争制胜的核心竞争力之一。正是由于一大批智识才干出色的经理尤其是高层经理与企业家的杰出管理实践，让许许多多历史悠久的公司现在依然是各自行业的领先企业，抑或对行业深有影响，其品牌符号被社会大众代代传播，成为见证经济成长与腾飞的“活化石”或“造钟者”。比如，被誉为第一位成功的职业经理人的通用汽车公司的第八任总裁艾尔弗雷德·P. 斯隆，在他领导通用汽车公司的几十年中，通用不仅超越福特汽车公司成为世界上最大的汽车制造商，成为世界上最大的产业集团之一，而且成为了美国经济的重要代表。斯隆的著作《我在通用汽车公司的岁月》发行后立刻在全国各地畅销，并成为对管理实践具有重要意义的宣言。通用电气的前总裁杰克·韦尔奇，在其掌权的20年中，将通用电气的销售收入从250亿美元提升到1999年的1110亿美元，排名当年全球第五，盈利翻了7倍，有12个事业部保持在各自市场的领先地位。韦尔奇推行的“六西格玛”质量标准、“无边界管理模式”和企业文化思路，成为当代企业管理的典范。

在企业的成长发展尤其是激烈的市场竞争中，企业的高管人员（含企业家）的才能和精神品质几乎决定了企业在市场、行业和区域商业生态系统中的生存状态、地位和竞争力。在世界商业发展的进程中和一代代经理人的奋斗足迹中，我们能够找到福特、松下幸之助、沃尔顿、希尔斯、迈克·戴尔、艾柯卡、小托马斯·沃森、任正非、柳传志、张瑞敏、马云等高管商业奇才，正是由于他们的创造和可持续的商业模式、战略领导力和企业家精神，成就了福特、松下、丰田、戴尔电脑、IBM、华为、联想、海尔、阿里巴巴等企业在今天各自行业市场乃至全球商业系统中的竞争力和影响力。他们成为管理学界探索卓越高管人才能力和品质的研究范本。

但现实中我们也看到，与那些大公司的辉煌成就相比，更多的中小公司因为企业家和管理者的经营才能的不足和领导能力的不可持续，而导致企业衰弱消亡，大部分企业生命周期停留在5~10年即是对这类企业高层管理者才能与品质发挥效果的明证。更为重要的是，许多大企业甚至包括不少知名企业由于高管经营才能、领导风格和价值理念不能适应动荡复杂的外部竞争环境和盘根错节的内部组织环境而造成公司业绩持续衰退、缺乏竞争力、组织运作不稳，甚至企业破产。美国著名金融经纪人并曾担任纳斯达克董事会主席的伯纳德·麦道夫，因为设计“庞氏骗局”（一种层压式投资骗局）不仅葬送了伯纳德·麦道夫投资证券公司（第一批在伦敦证券交易所进行交易的美国公司），而且令不少著名投资金融机构损失500亿美元；有着233年历史的英国著名银行——巴林银行的新加坡分行总经理尼克·李森（Nick Leeson）因为在印尼期货与期权结算方面的出色业绩，被巴林银行委以新加坡分行CEO重任，但“成也萧何败也萧何”，正是由于尼克·李森的“错误账户造假”和未经授权的日经股票指数巨额期货合约投资失败，致使巴林银行这家“百年老店”寿终正寝。

在国内，通过创业经营成就公司和个人财富，但又因战略经营才能不足、领导力缺陷或经营个性偏好问题而致使公司发展受挫甚至倒闭的同样屡见不鲜。国美总裁黄光裕2008年因内幕关联交易和非法经营等经济犯罪入狱服刑，加上国美董事会主导权之争，使国美集团在家电零售领域被其竞争对手苏宁电器大幅超越。三株集团董事长吴炳新依靠“农村包围城市”营销，公司成立三年之内其销售额就达到80.6亿元，但就在辉煌的当年，在湖南常德发生了“八瓶三株喝死一位老汉”事件，虽然若干年后该案查实与三株没有关联，但事件暴露了集团由于扩张过快，产品质量和销售市场管控缺位、对市场盲目乐观等管理问题，该事件也最终使三株接近倒闭，“三株神话”成为商业黄页。

随着智能互联时代的到来，特别是互联网公司的快速兴起与跨界迭代，商业世界——不论产业领域还是产权结构差异，其经营模式和组织管理都在发生“颠覆式”变革或“重新定义”。例如，阿里巴巴的支付宝运作对银行业务模式的变革、滴滴出行对传统出租车运营与管理模式的颠覆等。在创新和颠覆迭出、连接比拥有更重要的商业变革潮流中，许多的企业包括知名大公司都淹没在智能互联的汹涌浪涛中，如柯达公司、摩托罗拉手机、金立手机、西尔斯百货。这些企业的溺毙和它们的高管没有适应或成功迭代出新技术与商业环境中的领导结构与能力紧密相关，他们或者仍沉醉于控制型领导的权力迷汤中，或者执着于通过资源占有、渠道控制而竞争制胜的迷路中，或者缺乏互联网思维和协同共生观，过度自信在领导中的英明洞见力和独断力。

因此，曾经带领企业创造成功和卓越的故事和经历，不一定代表未来仍然可以持续，高管人员如果不能“与时俱进”地提高自身能力、改善心智模式以适应企业发展不同任务环境，那么，其对企业的“正能量”贡献将不断缩水，甚至成为阻抑企业变革创新提升企业成长的“负能量”。英国的管理学者安德鲁·沃德（Andrew Ward，2003）在其博士论文《多么难的下台：被解雇的首席执行官（CEO）们发生了什么?》中，通过调查得出结论：大部分被罢免的CEO是因为公司从生命周期的一个阶段进入到下一个阶段，而他们却不能适应这一变化，带领公司继续前进，因而董事会解雇了他们。[①] 据此，我们提出如下研究问题：

① 安德鲁·沃德，木易．领袖的生命周期：使领袖与进化中的组织相适应［M］．北京：经济管理出版社，2004：3.

高管人员的能力和性情是否能够持续胜任企业成长和竞争多种不确定性环境？或者说面对复杂演化的企业成长环境，高管人员的能力和性情应做怎样的自我超越才能持续创造卓越？

二、研究意义和价值

高管人员作为企业组织的“大脑”，他们的思维、智慧和行动力几乎决定了企业经营发展的命脉，他们的岗位胜任力基本主导了整个企业组织经营业绩和竞争力，而企业成长的阶段性、周期性和任务环境的不确定性，又反过来要求高管人员的胜任力必须具有适应性、可变性和弹性。围绕此主题展开研究的意义主要有两个方面：

（一）实践意义

根据 Booz Allen Hamilton 管理咨询公司对全球 2500 家大型跨国公司的 CEO 进行的深入调查，从 1995 年至 2001 年，CEO 更替频率几乎增加了一倍，从 6% 增长到 11.2%，而到 2006 年这一数据增长到 14.3%，CEO 的平均任期缩短了 23%，而在 1995 年到 2006 年因为业绩不佳原因而被解雇的 CEO 增长了 318%。[①] 这些说明高管人员在面对更加复杂的经营环境时，他们的胜任力改变变得更加艰难。本书的实践意义在于：

第一，有利于企业深刻认识和把握高管人员胜任力生命周期性。人无完人，全能型企业家实属少数。我们的研究通过揭示企业成长不同阶段高管人员整体的胜任力才能与素质特征，使企业明确理解不同成长阶段高管人员胜任力的结构性差异，并根据具体岗位和企业发展实际适时做好高管人员的调整与流动，为企业健康成长和竞争力的保有夯实人才基础。

第二，有助于高管人员（企业家）正确地认识和改善自己的才能和品质，

① Chuck Lucier, Steven Wheeler, Rolf Habbel. The Era of the Inclusive Leader [J]. Strategy + Business, 2007, 47 (summer): 2-14.

提高职场竞争力。我们通过理论分析和实证调查提出不同阶段高管人员胜任力素质特征，可以成为高管人员评估自身是否适应企业环境变化的胜任力词典，高管人员可以以此为参照，通过培训、自学、自省、自适应、激励等方式不断改善自己的胜任力特征结构，提高高管胜任力与组织生命周期的“黏性”，成为可持续胜任的高管人才。

第三，有助于互联时代高管人员识别、提升和塑造与智能互联商业环境相匹配的领导力。互联技术的普及和各种商业与社会应用的开发，让整个社会的资源流动、交易方式、生产方式、交际模式、生活方式都发生了深刻的变革，这种变革对传统的经济和商业形态带来了前所未有的挑战和机会。处于智能互联商业环境的企业和高管，都必须重新认识甚至重新定义这种变革中的企业商业模式、价值创造逻辑、创新速度与能力、顾客关系、员工个体价值、自我能力。本书通过分析互联时代产生的“互联网企业”商业模式与成长特征，以及互联网企业组织管理特征，提出了互联网企业高管胜任力有助于当下的企业高管识别、接纳和培养新的胜任特征结构，获得与环境相适应的领导力。

（二）理论意义

从胜任力角度探索高管人员与企业成长的关系，对高管人力资源和企业组织研究具有重要的理论价值。

第一，推动胜任力研究从静态、结构化研究向动态、组织化方向发展。胜任力研究发展至今已经有接近50年的历史，在国内，这一研究主题也已经持续了十多年，相关的文献成果汗牛充栋，建立的胜任力模型（特征）数不胜数。但是无论是围绕岗位的胜任力研究，还是围绕杰出案例的胜任力研究，几乎都是在寻找一个模式相对固化、具备完善胜任结构的胜任力模型，即发现“完美胜任力”。但是，完美人才既没有也未必适合多数企业。企业需要的人才不是完美人才而是“适合”的人才，这也是很多胜任力研究成果难以落地的原因。由此，本书着眼于围绕企业成长的实践，从动态化发展和组织匹配角度探索适合不同“成长情境”的高管人员胜任力，推动胜任力理论研究贴近企业运作的实践。

第二，从胜任力演化角度探索高管人才推动企业健康成长的路径。企业成长一直是企业性质研究和企业竞争研究关注的核心主题。从企业家的资源能力、关系网络、企业家精神、领导风格、组织文化等角度探索企业成长的研究非常广泛，本书聚焦在高管人员人力资本和心理资本的胜任性，从高管人员胜任力与企业成长演化角度分析二者的匹配协同，探索推动企业健康成长的高管人才结构特征及其动态演化性，精细化了企业成长的理论研究。

第三，提炼互联网企业高管的胜任力特征结构有利于推进胜任力理论在智能互联商业时代的创新发展。David（1973）和 Boyatzes（1982）提出，胜任力理论是基于后工业社会的商业环境、商业模式与组织形态提出的。尽管后工业社会企业的竞争更加复杂剧烈、新技术和新市场开发更为快速、人才的资本与知识得到充分重视、企业组织更加强调柔性，但总体而言企业的组织结构仍然是基于分工组织与科层结构，领导的中心性与权力动员力没有变化。但是互联技术的广谱应用所型构的商业环境与成长逻辑与后工业社会则明显不同，比如共生合作替代竞争垄断、价值导向替代了成本导向、迭代创新替代了稳定改进、个体独立超越了集体服从、自我驱动超越了强化驱动等。这些都预示着胜任力理论需要“与时俱进”，在智能互联时代演化创新。本书探讨和提炼的互联网企业的高管胜任力特征结构，即是响应胜任力理论时代诉求的一种回应。

三、高管人员胜任力和企业成长关系的文献评述

高管人员是企业经营的决策主体，包括高层经理、企业家（主）、董事会，许多文献将其称为企业的经营者，他们的能力和精神品质直接影响着企业的竞争和发展。围绕高管人员和企业成长之间的研究相当之多，目前多数研究是从高阶团队、企业家精神、组织文化、领导风格等视角来探索二者的关系。而从人力资源管理视角来说，单独研究和分析高管人员的“胜任力”的研究非常多且较为深入。但是将高管人员胜任力与企业成长或企业生命周期结合起来，探索二者之间的内在联系，分析高管人员胜任力如何适应企业成长的动态变化，这类研究还非常之少。在文献评述中，我们从两个方面来总结这一主题的已有研究成果，即高管人员胜任力文献综述、高管人员与企业成长关系文献综述。

（一）高管人员胜任力文献综述

Bird（1995）[①] 将高管人员（企业家）胜任力界定为一种“潜在的特性”，包括专业知识、动机、特质、自我形象、社会角色、创富技能、生存能力、成长性。

有关高管人员胜任力的研究国内外成果非常多，这些研究因他们对高管人员的称谓差异而在研究成果的表述方面略有不同，在对高管人员的称谓上分别使用了“企业家”“领导者”“高层管理者”“高管经理”等，这些称谓基本都能被高管人员涵盖（Warner & Witzel，1999；程国平，2002；宋培林，2003）。总结以往有代表性的研究涉及的高管人员胜任力的要素指标，可以归纳为表 1－1。

表 1－1 高管人员胜任力（要素）研究成果

作者	年份	胜任力构成要素
Boyatzis	1982	目标和行动管理、领导、人力资源管理、指导下级技能、特殊知识（经营及其他社会角色的特殊知识）、其他（客观知觉、自我控制、持久性、适应性）
McClelland	1987	发现和抓住机会、效率导向、高质量的关注、监控、对商业关系的重视、主动、承诺、系统计划、自信
Mitton	1989	抓住特殊机会、全面控制的重要性，提高胜任力、关系利用、明辨是非、负责、愿景
L. M. Spencer 和 S. M. Spencer	1993	成就、思维和问题解决、个人成熟、影响、指导与控制以及体贴他人
Hood 和 Young	1993	销售、机会性思考、与财务相关的技能与知识、管理技能、领导技能、人际关系、沟通技巧、自我驱动、战略思考、愿景、创造力、积极思考、冒险、共同价值观
Martin 和 Staines	1994	典范学习、关注业绩、突出的个性特征、易亲近、与人相处融洽、诚实、有抱负、自信、创新、冒险、创造、分析力
Bird	1995	维持战略焦点、随时保持警觉、有抱负、企业联合

① Bird B. Toward a Theory of Entrepreneurial Competency. In Katz，J. A. and Brockhaus，R. H.（Eds）. Advances in Entrepreneurship，Firm Emergence，and Growth［J］. Greenwich：JAI Press，1995（12）：51－72.

续表

作者	年份	胜任力构成要素
Gasse 等	1997	企业家精神、领导、授权、教导、培训、组织、人际关系技巧、沟通、适应性、战略计划与实施、战略联盟、管理和决策、认识能力和信息处理
Hunt	1998	冲突规避、角色差异、授权、参与管理、商业聚焦、工作与生活平衡、在没有个人压力下持续地经营业务
W. Y. Man 和 Thomas 等	2002 2005	机会、关系、概念、组织、战略和承诺能力
时勘、王继承、李超平	2002	影响力、组织承诺、信息寻求、成就欲、团队领导、人际洞察能力、主动性、客户服务意识、自信和发展他人
苗青、王重鸣	2003	机遇能力、概念能力、组织能力、战略能力、承诺能力
Jay A. Conger 和 Douglas A. Ready	2004	建立公司价值导向、创造拓展点、预见并把握未来的变化、优秀的执行力、带领大家达成目标、评价与行动和学习与分享
仲理峰、时勘	2004	威权导向、主动性、捕捉机遇、信息寻求、组织意识、指挥、仁慈关怀、自我控制、自信、自主学习、影响他人
Tom Durgin	2006	领导素质、自反能力及管理技能
林泽炎、刘理晖	2007	个性特征：责任心、韧性、创新精神；行为特征：协调与合作、决策行为、指导下属、个人表率；能力特征：决策能力、人才选用能力、沟通协调能力、创新能力
戴国富、程水源	2007	创业阶段：机会能力、冒险能力、政府社会关系能力、承诺能力、概念能力、组织能力、学习能力；守业阶段：管理能力、关系能力、决策能力、概念能力、组织能力、学习能力；展业阶段：创新变革能力、战略能力、决策能力、概念能力、组织能力、学习能力
赵曙明	2007	决策能力、情绪智力、自我效能、成就动机、创新能力、社交能力、学习能力、沟通能力、领导能力、变革能力、知识应用水平
Porvaznik	2008	专业知识：熟悉管理对象、了解管理职能、具备管理信息、熟悉管理体系；应用技能：沟通能力、创新能力、团队协作能力、领导团队和会议的能力、自我和时间管理；社会成熟度：性格和意志品质、感知与创造力、气质及情绪素质、身体和精神素质

续表

作者	年份	胜任力构成要素
张焕勇、杨增雄、张文贤、鲁德银	2008	创建期：发现机会能力、配置资源能力；成长期：整合资源能力；成熟期：整合资源能力、配置资源的能力；衰退/再生期：整合资源能力、配置资源的能力
王海燕	2009	捕捉机遇与谈判能力、协作与自控能力、全局观与压力管理、发展他人、分析与思考能力、个人驱动力、策划与监控能力、目标导向、工作态度
Asta Savaneviciene、Ruta Ciutiene 和 Ausra Rutelione	2014	自我管理能力、企业管理能力、人员管理能力
鲁竞夫	2014	专业知识技能、沟通解决能力、细节关注能力、执行力
朱永跃	2014	战略能力、变革能力、学习能力、协作能力、成就动机、冒险精神、创新意识和客户意识
冯红英	2015	客户服务能力、业务知识能力、人际沟通能力、团队管理能力和心理调适能力
王建民	2015	团队领导力、战略执行力、共享价值观、国际化视野、知识与经验互补、行动协调力、熟悉国际商务规则、竞争意识与主动性、跨文化交际力、国际工作经验、集体学习力、创新与冒险精神
杨木扬	2015	个人特质：敢于承担、号召力、勇于创新；管理能力：团队领导、知人善任、沟通协调、公平公正；整合与专业能力：战略能力、专业能力、信息处理能力、人脉团队
Jin S. W.	2016	人际关系、创业能力、关系管理、经营与管理
楚秀如	2017	专业能力：战略能力、专业知识、信息处理能力、决策能力；个人特质：领导魅力、感召力、个性化关怀、智力激发；管理能力：领导能力、沟通协调能力、建立团队
曹建彤、楚秀如、刘丹	2017	专业能力：战略能力、专业知识、信息处理能力、决策能力；个人特质：领导魅力、成就驱动、智力激发、个性化关怀；管理能力：领导能力、沟通协调能力、团队建设
黄永春	2017	社会胜任力、职能胜任力、认知胜任力和心理胜任力
张丽	2018	管理素质：整体战略意识、责任心、市场敏感度、情绪控制、顾客服务意识；管理技能：发展他人、人际协调能力、战略决策力、创新思维、学习领悟力；个人魅力：成就动机、以人为本、自信、组织承诺、影响力

续表

作者	年份	胜任力构成要素
周亮	2018	知识技能：计算机专业知识、人力资源知识、产品运营能力、网络策划能力、市场推广能力、用户数据分析能力；管理能力：下属培养能力、组织协调能力、员工激励能力、危机处理能力、传媒行业资源对接能力；战略意识：产品战略规划意识、商业模式可行性分析能力、市场前景预判能力、同行合作竞争意识；语言能力：商务沟通能力、项目路演能力、社会公关能力、融资谈判能力；个人特质计提意识、自我学习提升意识、抗压能力
刘晖	2019	基于人性理解的用户导向、跨团队管理能力、思维变革能力、产品基础知识和工具、人格特质
程丹、聂树树、桂庆	2019	计算能力、口语表达能力、逻辑思维能力、创新能力、合作能力、团队建设能力、产品规划能力、项目管理能力、产品运营能力、专业能力

Gartner 等（1998）曾经在 Gartner 关于企业经营者胜任力（主要指创新与管理）分类框架的基础上，指出经营者在创设企业过程中学习新知识的能力，以及积累才能的能力是新企业成功的关键特征，他们将经营者的个体能力界定为企业经营过程中经营者经验，具体体现在某一特定工作化解，或组织下的知识与才能，包括：现存经验与发展新业务的匹配能力；执行与计划能力；管理能力，如有效利用雇员、客户、其他专家；技术知识水平，包括实践知识、行业技术知识；运营能力，包括提供优质的产品和服务等；财务与会计能力，即资源分配与监控能力；市场营销知识或能力；等等。

Alldredge 和 Nilan（2000）在 3M 公司构建了包括基础领导胜任力（道德与诚信、智力、成熟与判断力）、必不可少领导胜任力（客户导向、培养人员、鼓舞他人、商业健康交易）和愿景领导胜任力（全球化视角、愿景和战略、培育创新、建立联盟、组织敏捷）三个维度、12 个因子的行政级别全球胜任力模型。顾琴轩等（2001）曾经采用问卷调查法对转型期国有企业中层管理人员胜任力进行了研究。研究结果表明转型期国有企业中层管理人员胜任力有：痛恨官僚主义；开明豁达；战略性思维；正直；利润意识；管理伦理观；管理知识和技能；顾客需求意识；产品质量意识；创新计算机的基本知识和操作；授权能力；团队合作能力；人际关系观；责任心；沟通能力；自我管理能力；适应能

力；激励。

Man 等（2002）从一个综合的角度对企业经营者胜任力进行了深入的研究，他们认为经营者的工作主要有三种：形成企业的竞争范围，创立组织能力，通过评价竞争范围和利用组织能力设定目标并达到目标的能力。而能力仅能以一个人的行为和行动来描述，拥有能力并不必然就是企业经营者胜任力，企业经营者胜任力是高水平特性的综合，包括个性气质、技巧和知识。这些特性受到经营者经历、家庭背景和其他人口特征因子的影响，是经营者成功从事工作的总能力（Lau 等，1999）。Man（2002）将上述经营者的总能力界定为以下六个方面：社会能力、关系能力、概念能力、组织能力、战略能力以及承诺能力。

2004 年，Jay A. Conger 和 Douglas A. Ready 对企业经营者管理胜任力模型的开发运用进行了总结。他们认为有七种核心胜任力要素是每一个成功经营者应该具备的，即建立公司价值导向（Modelthevalues）、创造拓展点（Create external focus）、预见并把握未来的变化（Anticipate change and prepare for the future）、优秀的执行力（Implemen with quality，speed，and value）、带领大家达成目标（Achieve results with people）、评价与行动（Evaluate and act）和学习与分享（Share and learning）。

Man 和 Lau（2005）从一个更宽泛的视角讨论了企业家的胜任力，他们指出企业家胜任力有双重来源（Dual Origins）：首先，企业家胜任力深深植根于企业家的背景中（如特质、人格、态度、自我形象、社会角色）；其次，企业家的胜任力也可以通过工作或理论实践学习而得到（如技能、知识、经验等）。

Escrig（2005）认为，通用胜任模型的最大优势就在于不同企业可以根据自身情况对不同的胜任特征进行分级打分，以选出最适合的岗位胜任素质。

Ahmad 等（2006）在 Man（2001）有关企业家胜任力要素基础上做了进一步分析，提出了企业家胜任力应当包括战略能力、概念技能、机会能力、关系技能、学习能力、人格、道德品质和家族主义。后来他与 Ramayah 等（2010）对马来西亚 212 家中小企业的企业主的胜任力和成功的商业经营进行了调查，结果显示中小企业家应当着重发展的胜任力行为和技能包括机会识别、机会转化为行动的能力、概念思维、学习技能和个体效率。

Snape（2008）在其分析中通过对大量原始信息数据的整理，提出定义：管理者胜任力实际上是指能够区分管理者优劣的胜任特征，管理者的胜任力也是导致高绩效潜在的动机、特质和自我认知等。

Russell 等（2011）对高层经理人员的胜任力所进行的研究证实了不同的胜任力会对工作绩效产生不同的影响。

刘学方等（2006）通过对大量的家族企业接班人进行访谈研究并通过探索性和验证性因子分析，构建了包括管理素质和关键管理技能两个维度，管理素质包括决策判断、学习沟通、组织承诺、自知开拓和诚信正直；关键管理技能包括关系管理、科学管理和专业战略。

王广民（2009）以国有大型企业为例，采用调查和探索性因子分析（EFA）进行交叉验证，验证了大型国有企业经营者胜任力特征维度的分组情况。这个胜任力包含五个维度，分别是：人格魅力和表率作用、发现和善用人才能力、资源整合和市场应对能力、战略定位能力矛盾处理和学习能力、关系能力。

刘陆芳等（2008）通过多年对中国企业家的研究，得出中国企业家得分最高的前十个胜任力因素，分别为果断性、坚韧性、捕捉机遇能力、自信、进取心、战略及方向性、策略性、变革催化、商业头脑、主动性。

郑保清（2009）通过对中小企业高管人员的调研和实证分析，提炼出中小企业高管胜任力的 13 项指标：系统思考、信息处理、远见卓识、建设团队、授权指导、影响力、驱动力、学习能力、决策能力、自信、管理变革、分析能力和财务管理。

田宛毅（2010）提出民营企业家胜任力模型，包括三个方面：概念胜任力及个人特征、人际胜任力及社会能力、技能胜任力及管理能力。

张东红等（2010）通过对 15 个大型国企高管的访谈调研，分析得出了国有企业领导者胜任力的 18 个指标：工作表率；诚实正直；管理处置能力；社会价值创造；关系构建；战略规划能力；成就导向；激励下属；专业知识技能；解决问题能力；决策能力；情绪控制能力；挑战自我；组织变革能力；团队合作；信息收集；学习能力；创新能力。

胡穗华（2010）通过对广东省企业高管进行调研取得的资料，针对问题的模糊不确定性，构建评价其胜任力的测度指标体系和模糊测度模型，从能力水平、基本素质和业绩贡献三个方面构建了一套指标体系并进行了实际应用。

王是平（2012）着眼于并购企业高层管理团队胜任特征模型的研究，融合理论分析、质化研究的研究方法，建立高层管理团队胜任特征模型并加以验证，证实了并购企业 TMT 胜任特征由高管团队结构特征与行为特征构成；并购企业高管团队结构胜任特征由年龄、知识、资历、整合经验等构成；并购企业高管团队的行为胜任特征由高管团队的人际能力、认知能力、内在能力构成。

李健（2015）通过探索性和验证性因子分析，构建了包括人员管理、组织管理、一般管理、沟通协作和自我管理五个维度的基金会秘书长胜任力模型。其中，人员管理包括民主意识、多样化意识、分工授权和团队合作；组织管理包括风险管理与法律事务、非营利财务管理、理事会和委员会发展、非营利管理能力、筹款能力和志愿者管理；一般管理包括战略思维、组织创新、营销和公共关系、信息与网络技术、计划制订与实施、应变能力；沟通协调包括人际关系和有效沟通；自我管理包括自我控制和道德与价值。

黄永春（2016）则构建了新兴产业的创业企业家胜任力分析框架，探究新兴产业的创业企业家胜任力构成的共性和异质性特征，并进一步探讨了创业企业家胜任力结构与创业模式选择的内在关系。提出新兴产业的创业企业家胜任力主要由元胜任力、认知胜任力、个人胜任力、职能胜任力、价值观构成，且企业家胜任力结构具有异质性；此外，胜任力结构的差异不仅会影响企业家创业机会的发掘，而且会影响企业家创业资源的整合利用，从而影响企业家创业模式的选择。

曾秀萍等（2018）以南康家具业为研究对象，认为企业家胜任力，包括战略变革能力、领导决策能力、危机防治能力、沟通协调能力、个人特质、客户意识与创新精神、管理能力、风险意识和能力八个维度。

从上述文献回顾来看，在企业高管胜任力结构要素与素质特质方面，可以看到仁者见仁智者见智，几乎很难找到两个比较一致的胜任力要素与素质研究。这说明人们对企业高管胜任力结构要素的理解存在明显差异，这一主题的胜任力测度从方法到行为观测要素选取都存在显著不一致，也说明了这一主题研究的科学规范性有待加强。不过，我们仍然可以通过对已有文献的内容分析，归纳找到大多数研究中有关企业高管胜任力的总体共识，如把握机会、战略规划与决策、团队领导与激励、人际沟通与协调、学习与创新、人格素质等。这些共识为本书有关通用型高管胜任力结构特征的提出奠定了基础。

（二）高管人员胜任力与企业成长关系文献综述

目前很多的研究都实证或确认了高管人员的胜任力对企业的成功有很强的预

测性（Colombo & Grilli，2005；Nuthall，2006）。通过对国内外的研究发现，很多学者都是从一个侧面或角度进行经营者或领导者的胜任力研究。相当多的学者认为或者默认高管人员的胜任力具有通用性，能够适合企业发展的不同情境和状态。直到近年来，越来越多的实践人士和学者才发现高管人员的胜任力研究成果在商业实践中面临诸多挑战。就企业发展而言，企业生存和竞争的不同态势，特别是企业成长和发展的不同阶段，他们面对的组织内外部环境有很大的差异，经营者将面对不同的任务情境，因此，他们所需要动用的胜任力要素有可能也有差异。由此，一些研究者开始关注高管人员胜任力与企业成长的关系，或者说从企业成长角度来探析经营者胜任力的素质特征。

Ichak Adizes（1997）在分析企业各个阶段的企业家行为能力时，将企业家的胜任力分为了四大类型：实现企业目标、行政管理、创新精神和企业整合，并提出了胜任力变化表，具体如表 1 –2 所示。

表 1 –2　企业家胜任力变化表

生命周期阶段	领导风格	生命周期阶段	领导风格
孕育期	PaEi	稳定期	PaEi
婴儿期	PaEi	贵族期	PaeI
学步期	pAEi	官僚化早期	Paei
青春期	pAeI	官僚期	—
盛年期	PaEI	死亡期	—

注：p 为企业领导者的执行职能；e 为创新精神；a 为行政功能；i 为整合功能。

资料来源：伊查克·爱迪斯．企业生命周期［M］．北京：中国社会科学出版社，1997：254 –255.

当各小写字母为大写的表现形式时，就代表该项功能为在相应的生命阶段中，领导者所需具备的主要能力。

周涛（2007）从企业生命周期的角度对企业家进行了动态评价，作者将企业生命周期按照传统分类分为创业期、成长期、成熟期、衰退期四个阶段，根据不同阶段面临的危机不同，对企业家的能力提出了新的要求（见表 1 –3）。

表 1－3 企业生命周期与企业家能力匹配模型

能力指标 生命阶段	企业家能力指标
创业期	创业能力束：创新精神、关系能力
成长期	守业能力束：管理能力、学习能力
成熟期	守业能力束：革新能力、战略能力、管理能力、关系能力
衰退期	振业能力束：革新能力、执行能力

资料来源：周涛．基于企业生命周期的企业家评价研究［D］．山东科技大学，2007.

吉凌和邓序波（2008）将 Ichak Adizes 的企业生命周期理论与总裁式领导相结合，认为处于生命周期阶段不同的企业在面对独裁式领导时，企业的成长表现是不同的。因此，作者将生命周期中的出生、成长、衰老三个阶段划分为十个不同时期，探讨企业家、高管领导者应该采取何种领导方式，应该具有何种的胜任力。在企业出生期时，需要企业家充分发挥企业家精神，此时建立系统的管理制度会限制企业的发展，限制企业家思维而没办法进行创新，会把企业扼杀在摇篮里；在企业成长期时，企业家要学会授权与合作；在企业衰老期时，需要企业家有一定责任心、积极面对未来的风险，进行危机管理，如表 1－4 所示。

表 1－4 基于生命周期的领导者胜任力匹配

各成长时期	孕育期	婴儿期	学步期	青春期	盛年期	稳定期	贵族期	官僚早期	官僚期	死亡期
阶段划分	出生		成长				衰老			
显性胜任力	创业经验、管理学知识、专业知识		经验系统化、经济管理学知识、组织能力、学习能力				学习能力、经济管理学知识、风险管理知识			
隐性胜任力	开拓创新、决策判断、领导力、责任感、人才获取能力		知人善任、统筹规划、团队协作、领导力、自省能力、沟通能力、团队影响力				领导力、责任感、危机管理能力、执行力、面对风险能力、抗压能力、坚韧性			
通用胜任力	企业家及高层管理者要建立相互尊重、信任的文化，把精力投入市场而非政治或内部斗争									

资料来源：吉凌，邓序波．企业生命周期与独裁式领导［J］．中外管理，2008（8）：50－51.

王硕（2009）提出组织发展同时受到组织年龄、组织规模、稳定进化时期、剧烈改革时期与产业成长率等内外因素的互动影响，自然牵动企业经营者的领导管理模式的改变。在企业的演进发展中企业经营管理者的胜任力不是一成不变的，而是应当随着阶段的变化而做出相应调整。作者以服务业企业为样本对创业期、成长期、成熟期和衰退期的企业所需的经营者胜任力要素的六个维度进行了分析，建立了基于生命周期的经营者胜任力匹配表，如表1－5所示。

表1－5　基于生命周期的经营者胜任力匹配表

企业生命周期	经营者胜任力
创业期	创业能力集：创新胜任力、关系胜任力
成长期	展业能力集：组织胜任力、机会胜任力
成熟期	守业能力集：创新胜任力、战略胜任力、组织胜任力、关系胜任力
衰退期	振业能力集：创新胜任力、个性胜任力

资料来源：王硕．经营者胜任力与企业生命周期适应性研究：以服务业为例［D］．石家庄经济学院，2009：45.

宋培林（2010，2011）认为企业处于不同成长周期状态的情况下，对企业家的胜任力要求将具有很大的差异性。企业家的胜任力要素中，有的结构要素具有通用性，有的结构要素更适合某一特定阶段。也就是说，企业家胜任力结构不是通用的，在企业成长不同阶段，存在不同的企业家胜任力结构。宋培林基于企业成长过程（即创业、守业和展业）三阶段论的观点，分析了企业成长过程各阶段所面临的难题和企业家为解决这些难题应该履行的焦点活动，与企业成长不同阶段企业家焦点活动相匹配，企业家胜任力结构可以分为创业型胜任力结构、守业型胜任力结构和展业型胜任力结构。在企业成长不同阶段，企业家胜任力呈现相似性和差异性（见表1－6）。

柴梅等（2010）将企业家胜任力理论与企业生命周期理论相结合对构建基于企业生命周期的企业家胜任力模型作了初步的研究。作者采用的是企业生命周期四分法，即把企业成长阶段划分为初创期、成长期、成熟期和衰退期，然后针对每个阶段的企业特征，从个性特征、认知特征、成就特征和影响特征四个维度分析了各阶段企业家的胜任力特征（见表1－7）。

表1-6　企业家的通用胜任力结构与专用胜任力结构

项目 阶段	专用		通用		
	能力	行为	个性	能力	行为
创业	资源获取能力、分析与判断能力、机会捕捉能力	勾画愿景、未来承诺、权威导向、个人表率	主动、自信、持久性、成就欲、直觉、冒险	学习与创新能力、信息搜寻与处理能力、组织与决策能力	协调关系、关注效率、识人用人
守业	资源配置能力、团队建设能力、文化营建能力	战略规划、指导与授权、品牌提升、服务客户	—	—	—
展业	资源整合能力、市场创造能力、资本运作能力	保持警觉、危机处理、影响他人、关注成本	—	—	—

资料来源：宋培林．试析企业成长不同阶段的企业家胜任力结构及其自我跃迁机理［J］．经济管理，2011，133（3）：183-190.

表1-7　企业成长各阶段企业家胜任力特征

成长阶段	企业家胜任力个性特征	企业家胜任力认知特征	企业家胜任力成就特征	企业家胜任力影响特征
初创期	诚信	综合分析能力、判断推理能力、洞察力	主动性、捕捉市场机会能力、承担风险、关注质量、成就欲	公关社交能力、合作精神
成长期	—	—	培养和发展人才、团队建设、战略规划能力	—
成熟期	坚韧执着	灵活应变、综合分析能力、判断推理能力、洞察力、信息搜索	捕捉市场机会能力、危机意识、关注质量、创新能力、文化整合能力、战略规划能力	公关社交能力、影响力

续表

成长阶段	企业家胜任力 个性特征	企业家胜任力 认知特征	企业家胜任力 成就特征	企业家胜任力 影响特征
衰退期	坚韧执着和果断	灵活应变、综合分析能力、判断推理能力、敏锐的洞察力和信息搜索	创新能力、学习能力、团队建设能力、文化整合能力和战略规划能力	合作精神和影响力

资料来源：柴梅，阿依努尔·艾孜木，韩芳．基于企业生命周期的企业家胜任力模型研究［J］．经济研究导刊，2010（16）：23－24.

唐凤凤、张磊（2011）基于企业生命周期研究经理人的胜任力。作者将企业生命周期划分为四个阶段：初创期、成长期、成熟期、休整期。其中，休整期分为两个发展方向：衰退和二次创业。作者认为尽管各阶段需要的能力大致相同，但是代表的内涵不同，每个成长阶段要学习、协调指挥、统筹规划的内容是不一致的，因此要具体情况具体分析，把握企业的内部环境，学会随机应变（见表1－8）。

表1－8　基于企业生命周期的经理人胜任力

成长阶段	初创期	成长期	成熟期	休整期
胜任力类型	机遇能力、风险能力、社会关系能力、统筹思维能力、协调指挥能力、学习能力	规范管理能力、关系能力、科学决策能力、统筹思维能力、协调指挥能力、学习能力	战略思考能力、科学决策能力、统筹思维能力、协调指挥能力、学习能力	改革创新能力、战略思考能力、科学决策能力、统筹思维能力、协调指挥能力、学习能力

资料来源：唐凤凤，张磊．基于企业生命周期的经理人胜任力研究［J］．公司治理评论，2011，3（2）：164－181.

吴林峰、任佩瑜（2012）将企业生命周期理论与领导者行为、企业绩效相结合，认为领导者在企业经营管理过程中表现出来的领导行为会影响企业绩效，而下属的成熟度以及企业生命周期都是影响领导行为的因素，因此，作者着重探索企业生命周期和领导行为之间存在的关系。他们将企业生命周期阶段分为四个部

分，分别是初创、成长、成熟、衰退四个阶段，采用卡曼使用的关系行为和任务行为两个维度对领导行为方面进行分析（见表1－9）。

表1－9　基于企业生命周期的领导行为

成长阶段	初创阶段	成长阶段	成熟阶段	衰退阶段
任务行为	高任务	高任务	低任务	/
关系行为	高关系	低关系	高关系	/
领导行为	高任务高关系	高任务低关系	低任务高关系	/

注：衰退阶段的管理行为与关系的假设该研究数据不支持。

资料来源：吴林峰，任佩瑜．基于企业生命周期的领导行为与组织绩效关系探析［J］．商业时代，2012（4）：86－87.

韩帅（2014）选定科技型中小企业的成长期作为研究切入点，对成长期的科技型中小企业的高管人员招聘广告进行分析，经过专业数据处理，建立了由投入、过程、产出三个层面构成的，包含6个二级指标和25个三级指标的“科技型中小企业成长期高管胜任力评价指标体系”，如图1－1所示。

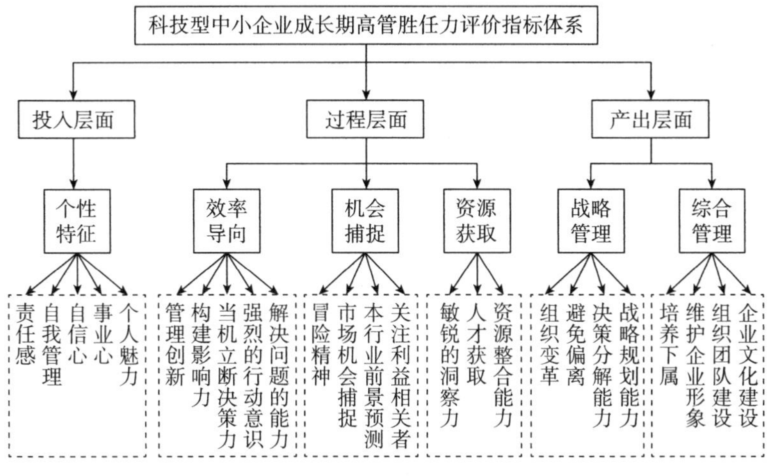

图1－1　科技型中小企业成长期高管胜任力评价指标体系

资料来源：韩帅．科技型中小企业成长期高管胜任力指标体系构建及评价研究［D］．天津财经大学，2014.

周劲波、宋雪（2014）对 Oivatt 和 McDougall（1994）提出的国际新创企业（创业之初就开始实施国际化战略的中小企业）的企业家特定能力进行了研究。作者将 Adizes 提出的企业生命周期进行细分和归集，总结出国际新创企业的生命周期阶段共分为四个时期：孕育期、初创期、成长期、转折期。另外，作者沿用 Man 等（2002）提出的企业家必备的六种特定能力与国际新创企业的生命周期进行匹配，如图 1－2 所示。

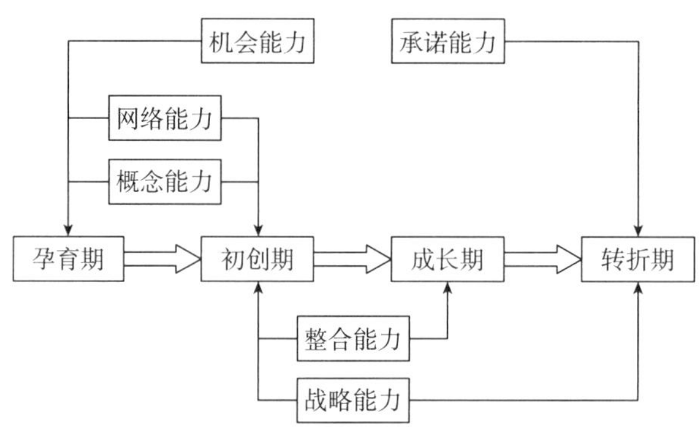

图 1－2　基于生命周期理论的国际新创企业的企业家特定能力研究框架

资料来源：周劲波，宋雪．国际新创企业的企业家特定能力研究——基于企业生命周期理论的视角［J］．福建商业高等专科学校学报，2014（4）：42－48.

另外，刘永根等（2018）主要对初创企业创业者胜任力进行了分析。作者认为创业者胜任力对初创企业成功创业具有至关重要的作用。作者构建了初创企业创业者胜任力体系模型，该模型包含了五个维度，分别为社会胜任力、职能胜任力、领导胜任力、认知胜任力和心理胜任力。作者将这五个维度进行细分，构成了图 1－3。

从上述文献回顾可以看出，当下有越来越多的研究者关注到企业成长不同阶段所有具有经营管理特征与成长难题对高管人员的能力与胜任力要求是不同的。研究者采用了总体相近的企业生命周期阶段划分法，从不同的胜任力划分维度（有的侧重胜任力的行为表现，有的侧重胜任力的能力结构，有的侧重知行绩效）来探索生命周期不同阶段高管胜任力的结构要素。这些研究可以深化人们对高管胜任力随企业成长而演化的认知。然而，这些研究总体上对高管胜任力与企

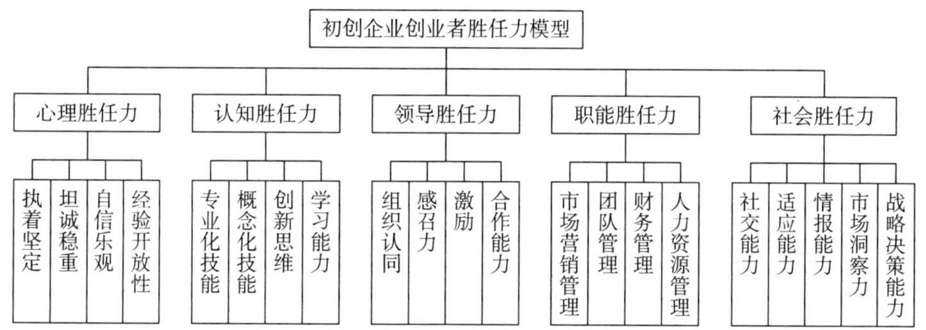

图1-3　初创企业创业者胜任力模型

资料来源：刘永根，石玉雏，蔡翔．初创企业创业者胜任力的构成体系研究［J］．技术经济与管理研究，2018（5）：39-45.

业成长关系仍处于一种推理分析或经验式归纳阶段，其存在的问题在于：①虽然对企业成长有了阶段性划分，但这个阶段性划分对于高管胜任力的刻画需要呈现的总体问题可以从哪些角度来表征并不明确，也不一致；②当前的研究更侧重企业成长阶段中经营问题/难题的动态变化对于高管胜任力演变的影响，忽视了不同成长阶段制度与结构、组织文化等组织情境演化对高管胜任力结构匹配的影响，更忽视了作为企业高管的领导者胜任力的“自组织”成熟度对企业成长的动态影响；③当前的研究多数是推理分析或经验式归纳，虽然有一定的实践或理论基础，但缺乏较为系统的实证检验和案例分析；④随着智能互联时代的到来，全球商业体系中出现了互联网技术企业和产业（工业）互联网企业，这些企业成长逻辑是否和工业时代一样，其高管胜任力结构与演化是否也和传统企业一致，现有的研究尚未涉及，也为这一主题的研究提供了新的场景和新的任务要求。本书从这些研究断点乃至空白点出发，力图发展高管胜任力与企业成长动态匹配的知识逻辑和实践对策。

四、研究框架和关键概念

根据研究现状，结合研究意义和价值，提出高管人员胜任力随企业成长阶段演化匹配的研究思路和框架，并对关键概念作出界定。

（一）研究框架

高管胜任力是本书的核心，只不过是将其置于动态变化的企业成长情境中。第一，从管理实践提出研究设想和研究价值。第二，分类整理高管胜任力相关研究文献，进一步提炼研究主题和重点。第三，提出高管胜任力与企业成长的相关理论，如胜任力理论、企业生命周期理论、演化理论和高阶理论等，作为本书的理论分析工具。第四，将整个研究置于管理情境视角，从情境角度分析高管胜任力的演化和匹配的必然性。第五，从企业成长四个阶段的任务情境分析入手对各阶段高管胜任力的要素结构进行理论探讨，然后进行高管胜任力与企业成长动态匹配的问卷调查，将调查结果与理论逻辑进行比较分析，修正理论研究的观点，进而提炼获得高管胜任力与企业成长要素匹配的分析模型。接着引入史玉柱和巨人集团的成长演化案例，分析史玉柱在巨人生命周期中所体现的胜任力变化。第六，引入互联网企业的概念，通过分析互联时代与传统工业时代变化的特征，分析互联网企业的成长历程，然后分析互联网企业与传统企业相比生命周期的特征并以此为基础，分析提炼互联网企业高管胜任力特征结构。最后，分析影响高管胜任力演化的因素，并提出提升高管胜任力的对策建议。整个研究思路可用如下研究框架（见图1－4）来表示。

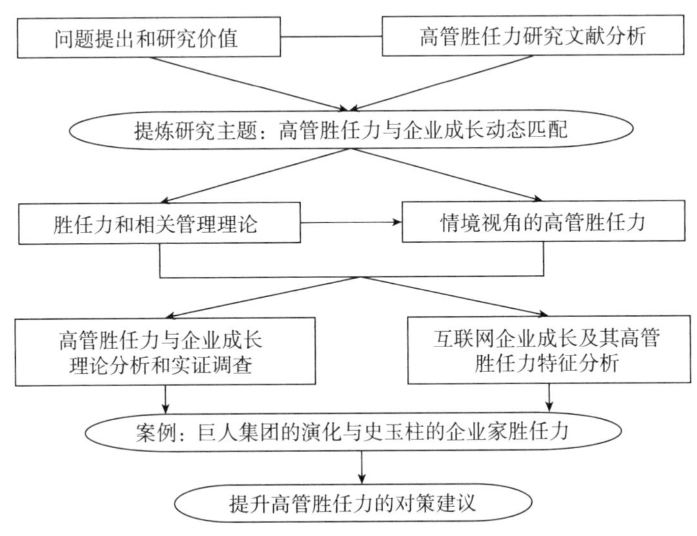

图1－4　高管胜任力与企业成长匹配关系研究框架

（二）关键概念

本书根据研究内容和目的，对高管人员、高管胜任力和企业成长周期等重要概念作出预先界定。

1. 高管人员

许多研究使用不同称谓来框定他们的研究对象，最常见的有“企业家”“高层经理”“经营者”，没有对它们之间含义作出区分，而是将其中一种概念代替其他概念来指代他们的研究对象。实际上，严格来讲，企业家、高层经理和企业经营者之间还是有明显区别的，尽管有时候三者可以相互替代使用①。企业家既包括拥有企业所有权、经营权和控制权的企业主，也包括专门从事企业经营活动、拥有对企业的经营权和（部分）控制权的支薪高层经理。高层经理则主要是享有企业经营权和（部分）控制权，对企业经营管理负有全权责任的高级专业管理人才，包括负责企业生产运营的高级经营人才和负责企业组织管理和战略规划的高级管理人才。经营者从狭义上而言，是指有眼光、有胆量和有经营才能的人，他可能自己拥有资本，也可能自己不拥有资本，但是善于运用有形资本与无形资本（包括知识资本、人力资本与组织资本）②，促进企业发展和获得竞争力。但有经营才能的人未必能够胜任企业的组织管理，或者激发与控制企业组织能量来创造、保持企业的经营优势，善经营的人未必善于管理。

由此观之，我们不宜用其中三者中任何一个来替代其他概念，但是无论是企业家还是高层经理，或是经营者，他们在企业的组织结构中位于最高层，能够对企业的战略决策、经营模式、组织文化和管理控制产生决定性的影响。因此，我们使用“高管人员”来替代企业家、高层经理和经营者定义我们的研究对象。

2. 高管胜任力

从企业成长角度而言，高管胜任力就是高管人员适应企业生命周期任务情境，促进企业获得高成长绩效的能力和品质。这里高管胜任力包括促进企业获得

---

① 国内的中国企业家调查系统、张维迎（1995）、张完定（1998）、李垣（1998）、丁栋虹（1999）、黄群慧（2000）等，基本上是将企业家与经营者概念互换使用。如丁栋虹认为企业家就是“企业的经营代表人”。参见：丁栋虹．企业家成长制度论［M］．上海：上海财经大学出版社，2000.

② Warner M.，Witzel M. TheVirtual General Manager［J］. Journal of General Management，1999（4）：84.

成长而不衰退的能力品质，也包括其比同行通过阶段企业获得更好业绩的能力品质。

3. 企业成长周期

企业成长周期即企业生命周期，实际上是企业在内外相互作用环境中经历不同周期和阶段不断演化变迁的过程。企业生命周期的划分有多种不同观点，大多数研究者赞同将企业生命周期划分为创业生存期、快速成长期、稳定发展期和衰退蜕变期。

4. 互联网企业

互联网企业有广义和狭义之分，广义的互联网企业主要是指以互联网为载体或对象，构建竞争生态的企业，而狭义的互联网企业则主要是指从事互联网基础技术和应用技术开发的企业，如基础软件企业、硬件终端企业等。一般来说，互联网企业可以定义为以网络信息技术以及网络通信平台为基础，利用网络平台提供网络技术服务来盈利的企业（彭赓、龙海泉，2010；张爽，2017）。

五、主要研究方法

本书使用文献研究法、比较研究法、问卷调查法、案例分析法推进整个研究项目的开展。

（一）文献研究法

本书主要以管理者胜任力为轴线搜集相关文献，然后按照“企业家”“经营者”“高管”“企业成长”“业绩（绩效）”对搜集到的管理者胜任力进行二次筛选和分类。通过分类整理和详细研读这些文献，廓清了高管人员胜任力研究现状，尤其是它与企业成长关系的当前研究状态，精炼了研究主题。我们搜集和阅读了有助于揭示高管胜任力与企业成长关系的企业管理理论，如企业成长理论、高阶理论、演化理论等。

（二）比较研究法

比较研究法是本书使用的核心研究方法。胜任力本身就有明显的比较特征，即将业绩平平者和业绩优秀者区分开来，而企业成长的阶段性差异，又进一步将不同阶段高管人员的胜任特征进行比较区分。本书中大篇幅地使用了比较研究法来探索高管人员胜任力与企业成长周期的匹配协同性。首先，采用理论探索和实证调查相结合的方法比较研究高管人员胜任力在企业成长不同阶段的要素结构差异，同时也比较了理论研究者与实践工作者对高管胜任力演化观点的差异。其次，本书也分析比较了不同背景的受访经理人对高管胜任力与企业成长匹配协同观点的差异，进一步检验调查结果的可靠性或者分辨样本的差异。

（三）问卷调查法

本书主要采用理论分析和比较研究来探索高管胜任力与企业成长的匹配协同性，而为了增强研究的科学性、实用性，我们根据理论分析，设计了一个探索性调查的问卷，一方面，对照检验理论分析所提出的高管胜任力与企业成长匹配的理论框架；另一方面，也是更加贴近实际地获得或者提炼高管胜任力与企业成长匹配的实践逻辑。简而言之，就是采用实证调查方法和统计计量工具提炼不同阶段高管人员胜任力特征指标，并验证高管人员背景、高管人员胜任力要素与企业成长匹配的关系。

（四）案例分析法

本书引入了史玉柱及其巨人集团的案例，来进一步揭示高管人员胜任力与企业成长周期相匹配与不相匹配的胜任力结构对企业经营业绩乃至生死存亡的至关重要的影响。作为创业者、企业家和高管人员，史玉柱先生经历创业—快速成功—快速失败—再创业—企业成功—扩张发展—巨人复兴等企业发展的生命周期。通过对史玉柱及其巨人集团的回溯性案例研究，能够丰富和补充高管经理人胜任力随企业生命周期演化的结果。

第二章　管理者胜任力与企业成长相关理论分析

胜任力研究已经持续多年，但是将胜任力研究与企业生命周期进行关联研究，探索管理者胜任力的组织适应性，却仍然是比较新的课题。进而将胜任力和企业成长两个主题结合在一起研究，显然仅仅依赖人力资源管理的知识存量是不充分的，我们引入高阶理论、演化理论及其他相关理论增强研究的理论基础。

一、胜任力与管理者胜任力

自 1973 年 David McClelland 首次提出胜任力作为区分绩效的关键指标以来，胜任力探索和实践已经有近 50 年的历史。现在几乎每一个人员规模超过 300 人的公司都在或多或少地应用“胜任力”进行人力资源管理。[①] 到目前为止，学术界和实业界仍然在争论和探索胜任力的理论和实践问题。

（一）胜任力及其类型

1973 年，McClelland 在继承并发展前人研究成果的基础上发表了一篇题为《测验胜任力而不是测验智力》的文章，主张采用以工作实际绩效关联的胜任力取代智力测验来选拔人员和预测工作绩效。自此，胜任力逐渐成为学术界和实业

① Richard E. Boyatzis. Competencies in the 21st Century［J］. Journal of Management Development, 2008, 27（1）: 5－12.

界广受关注的理论和工具。尽管胜任力提出和广泛应用已 40 多年，但人们对胜任力的内涵认识仍然存在多种不同意见和分歧（见表 2－1）。因而，关于胜任力的定义多达上百种，多数定义都与国外几位胜任力研究的“大家”提出的不同胜任力内涵有关。比如：

McClelland（1973）将胜任力表述为“与工作或工作绩效或生活中其他重要成果直接相似或相联系的知识、技能、能力、特质或动机”。① 明确指明胜任力的要素，但没有系统说明胜任力的工作绩效评价的参考系（是单位标准绩效、员工比较绩效还是任务绩效）。

Boyatzis（1982，1994，2009）认为胜任力是一套能够取得出色业绩的潜在能力或潜在倾向，是一套包括知识、经验、特质、社会智力、认知智力在内的方法。近年来，Boyatzis 对胜任力的理解更加倾向“心理学化”，强调社会、认知和情绪三种智力因素作为胜任力必备的要素，并认为胜任力就是这些因素的综合反映。

Spencer（1993）指出，胜任力是指和参照效标（合格绩效或优秀绩效）有因果关联的个体的潜在基本特质。基本特质是指个性中最深层与长久不变的部分，当其和职务关联时，可以预期其行为反应和绩效结果。Spencer 更加强调与工作岗位紧密相关的特质、与预测优秀绩效相关的特质。

Mirabile（1997）将胜任力定义为知识、技能、能力或与任务表现优异相关的个性特征。他把许多学者认为的胜任力要素（如知识、技能、能力）视为胜任力的结果而不是原因。

陈万思（2006）在前人研究结果的基础上，补充了原有的胜任力分类，在基准胜任力、鉴别胜任力前提下提出了发展胜任力的概念，即人们常说的“潜力”：有助于特定职位的绩效者提高业绩的态度、动机、知识、价值观、技能、自我感念等要素条件的综合。

后来的许多学者对胜任力的理解都是在这些专家基础上不断扩展、演绎而产生的。尽管在胜任力的准确定义上仍然众说纷纭，但学者们逐渐达成了以下三个共识（方永瑞，2005；赵曙明、杜娟，2007）：①与工作绩效有密切的关系，甚

① McClelland D. C. Testing for Competence Rather than Intelligence［J］. American Psychologist, 1973, 28（1）: 1－40.

至可以预测员工未来的工作绩效；②与工作任务紧密相连的特质；③能够区分业绩优秀者与一般者，只有满足这三个条件的指标或特征才能称之为胜任力。

表 2－1　国内外关于胜任力含义的专家解读

作用	年份	胜任力定义
Guglielmino	1979	①创新的能力、分析经济与竞争环境的能力以及如企业家一般的思考能力等；②人际胜任力，包括沟通、领导、谈判、分析及自我成长的态度等；③技能胜任力，包括计划个人事业、掌管自我时间的能力等
Mclagan	1980、1997	胜任力是指足以完成主要工作结果的一连串知识、技能与能力
Fletcher	1992	胜任力是有能力且愿意运用知识、技巧来执行工作要求。胜任力是“能将某一工作（或组织、文化）中表现卓越者与表现平平者区分开来的个人潜在的深层次特征”。包含动机、特质、自我形象、态度
Ledford	1995	产生绩效的可能性，即除了现在的绩效表现外，还注重未来的绩效。整合三个概念，胜任特征是个人可验证的特质，包括可能产生绩效所具备的知识、技能及行为
Byham 和 Moyer	1996	胜任力是指一切与工作成败有关的行为、动机与知识
Jorgen Sandberg	2000	工作胜任力并不是指个人所有的知识和技能，而是指在工作中所使用的知识和技能
Dubois 和 Rothwell	2002	胜任力是指个体具有的、为了达成理想的绩效以恰当的一贯方式使用的特征，这些特征包括知识、技能、自我形象、社会性动机、特质、思维模式、心理定式，以及思考、感知和行动的方式
Maria Va－kola	2007	将胜任特征的内涵与组织文化、价值观、核心竞争力和竞争优势相联系，认为胜任特征是员工潜在的、与优秀工作绩效相关的一套行为模式，在个人和团队中都能发挥作用并切实有效地为组织提供可持续的竞争优势
王重鸣	2000	结合我国实际情况，也给出了胜任力的定义，认为胜任力是导致高管绩效的知识、技能、能力以及价值观、个性、动机等特征
时勘、王继承	2002	能将某项工作或组织中有卓越成就者与表现平平者区分开来的个人的潜在特征
仲理峰、时勘	2003	胜任特征是能把在职位中表现一般者和表现优秀者区别开来的个体持久的、潜在的行为特征。这些特征可以是意识的、认知的、情感的、态度的、动力的或倾向性的等

续表

学者姓名	年份	胜任力定义
张丈贤、董临萍	2010	胜任力既是对优秀者与普通者的划分，也是促使工作人员出色完成工作的基础。依次表现为通过知识、技能、经验、人际能力等产生的差异了解工作人员在特定工作中的优异结果
刘文凯	2011	能把某职位中表现优异者和表现平平者区别开来的个体潜在的、较为持久的行为特征
王建民、杨木春	2012	通过对胜任力的界定，定义“胜任力模型”为：对成就组织中成员卓越绩效的可评估与开发的内在和外在要素的选项、内涵和结构直观而本质的描述。要素包括六种类型：技术能力、知识结构、职业精神、价值观念、性格特征和心理动机
张培霞	2015	驱动员工产生优秀工作绩效的个体特征的集合。反映的是可以通过不同的方式表现出来的知识、技能、个性与内驱力

综合以上学者的看法，我们不难发现，各家学者讨论胜任力时多会提及知识、技术、动机、态度、工作绩效等方面。定义虽有出入，但几乎都会提到“个人特质”“与职务内容有关”“绩效表现”。换言之，胜任力已由单纯的个人所拥有的知识、技能与特质，进一步延伸到与具体特定的工作绩效密切相连，存在着动机、特质、行为、自我概念、社会角色等多层次性，并发展成为达成工作绩效的因果相关能力。

与胜任力含义或定义紧密相连的就是胜任力的结构要素，相当多的研究者围绕胜任力结构要素提出自己的看法，并尝试建立胜任力模型和胜任力词典来阐述胜任力的结构要素。其中胜任力模型包括胜任力维度和胜任力要素两部分。个体胜任力、工作性质、组织环境通过改变高层管理人员的胜任力模型而影响其绩效。从文献回顾中可知，只有当高层管理人员胜任能力大于或等于个体胜任力、工作性质、组织环境三者交集时，个体才会有高的管理绩效，也才有可能胜任该岗位。在众多关于胜任力研究文献中被引用最多的要素模型是麦克利兰的胜任力冰山模型①和 Boyatzis 的洋葱圈模型②。分别见图 2－1 和图 2－2。

① Spencer Jr. L. M., Spencer S. M. Competence at Work: Models for Superior Performance [M]. New York: John Wiley & Sons, Inc., 1993.

② Boyatzis R. E. Rendering into Competence the Things that are Competent [J]. American Psychologist, 1994 (49): 64－66.

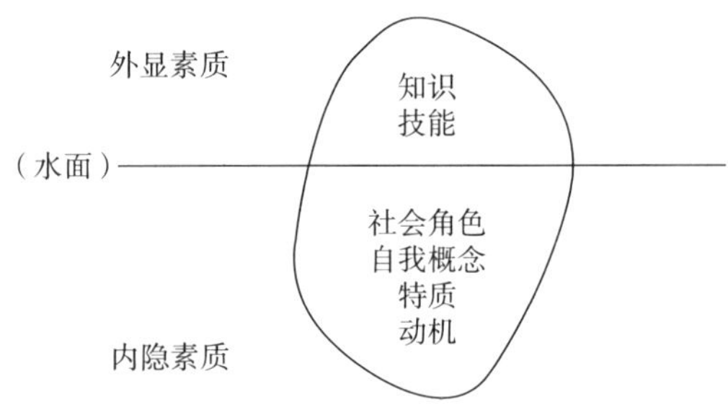

图 2－1　胜任力冰山模型

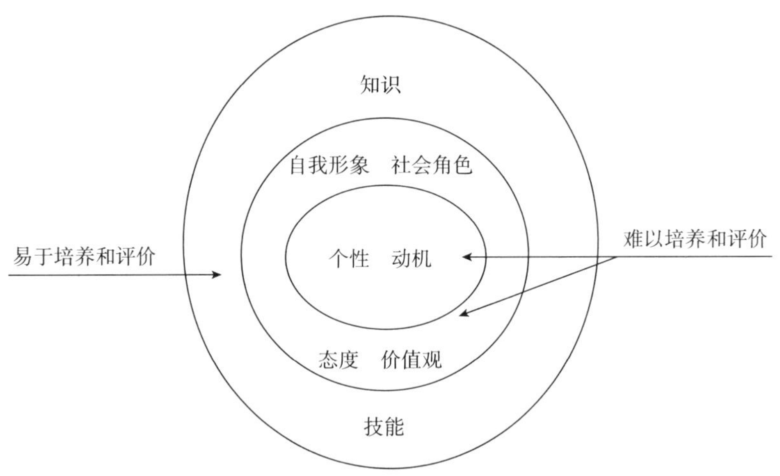

图 2－2　胜任力洋葱圈模型

在图 2－1 中，水面以上的部分是知识和技能，把这部分胜任力定义为显性胜任力，知识是个体在某领域内具有的程序性知识和专业性知识；技能是指个体结构化地运用知识完成工作的能力。技能是否能够产生高绩效受个体个性、动机和价值观等胜任素质的影响。水面以上胜任力可以较为容易地被分类、被区分、被衡量，且较容易通过培训、教育来发展，是对任职者的基本要求和胜任工作和产生工作绩效的基本保障，也被称为基准型胜任特征。

本书把水面以下部分的胜任力定义为潜在胜任力，它包括个人的态度、自我概念、社会角色、动机、内在驱动力、特质、价值观、个性等。其中，社会角色是个体在组织中的职务、地位，以及和这种身份地位相互一致的行为规范；自我概念是指个体对于自我价值和自身能力的认识，是个体期望建立的特定社会形象，自我概念的定型化能够预测个体对工作的行为方式；特质是在很大程度上一种人格特性和天赋秉性的综合体，表现出来的是个体对外部环境和各种信息的反应方式、倾向和特征；动机是引起、维持和指引个体从事某种活动的内在动力，指导并推动个体行为方式的选择朝着有利于目标实现的方向前进，防止偏离。动机的强烈与否决定了行为过程的效率和结果。个人知识、技能大致相同的两个人的绩效差异，除外部因素影响外，往往是由潜在胜任力决定的，这是高绩效者在职位上获得成功所必须具备的条件，因此也被称为鉴别性胜任特征。

Boyatzis 的洋葱圈模型和 Spencer 的冰山模型总体是一致的，只是在潜在胜任力要素部分，增加了"态度和价值观"这一要素。他认为员工对组织、自身和社会的价值判断和态度，在很大程度上会影响个体工作行为、工作结果的判断，从而影响了个体的绩效。

（二）管理者胜任力探索

胜任力思想提出后，大部分研究者对胜任力的研究都集中在对管理人员的胜任力素质、要素和模型的探索上。我们甚至可以认为胜任力研究的历史就是研究（什么样的）管理者（为什么）胜任某一岗位的工作的历史。这方面的研究文献汗牛充栋，我们只能摘取其中具有代表性的研究来阐述，如表 2-2 所示。

McBer 咨询公司和美国管理协会（AMA）于 1970 年开始了第一次大型的胜任力项目研究，用将近五年时间研究了 1800 名管理者，研究结果分辨出优秀的管理者工作成功的五个重要胜任力：专业知识、心智成熟、企业家成熟度、人际间成熟度、在职成熟度。

L. M. Spencer 和 S. M. Spencer（1993）开创了胜任力管理体系研究的先河。他们对科技界、教育界、制造业、销售业、服务业、政府机构、军队、医疗保健及宗教等行业与组织中的 200 多种工作进行了系统研究，分析了大量与优秀工作绩效相关的行为，列出了能预测大部分行业工作成功最常用的 20 个胜任特征，并形成了管理者胜任力的数据库，这个数据库中的胜任力特征主要包括六大类：一是成就特征，包括成就欲、主动性、关注秩序和质量；二是助人服务特征，包括人际洞察力、客户服务意识；三是影响特征，包括个人影响力、权限意识、公关能力；四是管理特征，包括指挥、团队协作、培养下属、团队领导；五是认知特征，包括技术专长、综合分析能力、判断推理能力、信息寻求；六是个人特征，包括自信、自我控制、灵活性、组织承诺。

表 2-2 管理者胜任力（要素）研究成果

作者	时间	管理者胜任力要素
Schroder 和 Cockerill	1989	信息搜索、概念形成、概念灵活、人际研究关系、管理干预、以发展为导向、影响、自信、表达、以前瞻性为导向、以成就为导向
Spencer，L. M. Spencer，S. M	1993	成就特征：成就欲、主动性、关注秩序和质量； 助人服务特征：人际洞察力、客户服务意识； 影响特征：个人影响力、权限意识、公关能力； 管理特征：指挥、团队协作、培养下属、团队领导； 认知特征：技术专长、综合分析能力、判断推理能力、信息寻求； 个人特征：自信、自我控制、灵活性、组织承诺
Conneny 等	2000	核心领导能力：复杂问题处理技能；社会判断技能；领导者管理知识
Colonel	2002	概念、关系、技术、战略，并且补充了三个能力：价值、品质、行动
Sydänmaan - lakka	2002	领导胜任力由愿景、成就、授权、团队管理、指挥、变化管理等组成
N. Gladson Nwokah 和 Augustine I. Ahiauzu	2008	门槛胜任力，包括积极的客户关系、紧急事件和需求的处置、员工适应变革环境、专业知识应用、计划项目连续性 完善性胜任力，包括提高人员生产率、增强员工表达能力、增强绩效的社会技能效能导向的工作治理等
June Xuejun Qiao 和 Wei Wang	2009	团队建设、沟通、协调、执行力和持续学习
Richard Boiatzis	2013	目标和行动管理、领导、人力资源管理、指导下属、关注他人、知识
Karel Chadt 和 Petr Cech	2015	基本胜任力：知识、技能 高绩效胜任力：经验、态度、行为方式
时勘	2001	影响力；组织承诺；信息寻求；成就欲；团队领导；人际洞察能力；主动性；客户服务意识；自信和发展他人
仲理峰、时勘	2004	权威导向、主动性、捕捉机遇、信息寻求、组织意识、指挥、仁慈关怀、自我控制、自信、自主学习、影响他人。并发现家族企业高层管理者更多地表现出权威导向、仁慈关怀、捕捉机遇、指挥、自我控制、自主学习等特征
柯翔、程德俊	2006	控制力、解决问题能力、自信力、追求成就、遵从权威、团队合作能力、人际省察力和影响力

续表

作者	时间	管理者胜任力要素
王超	2015	技术高管应该具备良好的专业知识、良好的学习能力、自我提升意识、指导带领下属能力、对产品及技术的创新能力、获取资讯的能力、良好的同行学习交流能力
赵丰	2015	领导力模型（影响力、决断力、前瞻力）、全员核心胜任力模型（诚信、奉献精神、团队建设、学习创新、危机意识、人际沟通、服务意识、执行力、大局观）、专业序列胜任力模型（管理规划、市场敏感性、专业能力）

Boyatzis 对 12 个工业行业的公共部门和私营企业中 41 个不同管理岗位 2000 多名管理人员的胜任力进行了全面分析，得出了管理人员的通用模型，并且分析了不同部门、不同行业、不同管理水平的胜任力模型的差异，提出了管理人员胜任力模型包括六个特征群（目标和行动管理群、领导群、人力资源管理群、指导下级技能群、关注他人群以及知识群）以及下属的 19 个胜任力（效率导向、主动性、关注影响力、逻辑思维等）。

Schroder 和 Cockerill（1989）提出了 11 种高绩效管理胜任力（HPMC）：信息搜索、概念形成、概念灵活、人际研究关系、管理干预、以发展为导向、影响、自信、表达、以前瞻性为导向、以成就为导向。

Assoc 和 Waterloo（1993）以胜任特征理论为基础考察了组织中的管理培训，总结出管理人员具有的 5 项基本胜任力，包括概念技能与创造性、领导、人际技能、行政管理和技术。

Mumford 等（2000）也将领导者和下属的人际互动作为关键能力，领导效能依赖于领导者解决各种复杂社会问题的能力。领导者在沟通、执行和构建时运用经验智慧和愿景视角来实现一系列的过程、步骤，以便成功运用创造性策略。研究者也越来越注意动态环境、任务和不确定条件下的领导能力。研究者对转换型领导中魅力领导的动态过程做了模拟研究，提出了认同、活力激起、承诺、分离等魅力领导的阶段（Jacobsen & House，2001）。还有研究者关注下属对自我奉献型领导者的行为反应，认为下属把魅力和公正赋予这种类型的领导者，并进行了行为互换。

Conneny 等（2000）通过分析领导技能和知识对领导者绩效的关系，考察了领导能力模型的核心方面。他们运用领导成就和对不确定领导难题的解决作为效标，运用多重回归分析得出三个核心领导能力：①复杂问题处理技能；②社会判断技能；③领导者管理知识。这些技能对于认知能力、情绪和性格等变量对领导效能起到了促进作用（Connelly et al.，2000）。

Colonel 在 2002 年提出了四个主要的领导胜任力的模型：概念、关系、技术、战略，并且补充了三个能力：价值、品质、行动。

Sydänmaan – lakka（2002）提出了领导胜任力由愿景、成就、授权、团队管理、指挥、变化管理等组成。从功能上看，领导者胜任力系统是政治品德、职业技能、知识、文化、身体素质等诸要素在品质、结构、能力上的集中体现和各项性能的综合反映，是实践的产物。

Ritter（2003）对社会网络胜任力概念进行定义时，将社会网络胜任力划分为两个维度：一是网络任务（Network Tasks），即管理社会网络的任务活动；二是网络资质（Network Qualification），即个人为了完成网络任务（Network Tasks），需要掌握的知识、技能和具备的能力和条件。

Chong E.（2008）认为管理能力指管理者顺利完成管理活动，实现提高组织效率所必备的能力。

Levenson（2006）指出管理者的胜任力具有多维和动态性，在不同的管理环节会发挥不同的作用，而且管理胜任力水平与工作绩效具有正向影响作用。

N. Gladson Nwokah、Augustine I. Ahiauzu（2008）将胜任力与市场绩效相结合，证实了两大类型管理胜任力对市场经营的有效性，即门槛胜任力（Threshold Competency），包括积极的客户关系、紧急事件和需求的处置、员工适应变革环境、专业知识应用、计划项目连续性等，以及完善性胜任力（Consummate Competency），包括提高人员生产率、增强员工表达能力、增强绩效的社会技能效能导向的工作治理等。

Snape（2008）在其分析中通过对大量原始信息数据的整理，提出定义：管理者胜任力实际上是指能够区分管理者优劣的胜任特征，管理者的胜任力也是导致高绩效潜在的动机、特质和自我认知等。

June Xuejun Qiao、Wei Wang（2009）通过实证调查和两个案例研究证实了中层管理者必须具备的五个关键胜任力素质：团队建设、沟通、协调、执行力和

持续学习。

Passow 等（2012）从素质、能力、知识三个方面切入，认为这是任职者胜任并顺利完成工作的根本前提，也是区分卓越能力者与普通能力者的参考标准。

时勘（2001）曾运用行为事件访谈法（BEI）建立了中国通信业高层管理者的胜任力模型。该研究认为中国通信业管理人员的胜任力模型包括 10 项胜任力：影响力、组织承诺、信息寻求、成就欲、团队领导、人际洞察能力、主动性、客户服务意识、自信和发展他人。

王垒等（2002）采用请管理者自由联想的方法描述中国成功管理者的胜任力特质结构，该研究将与管理者的绩效相关的特质分解为 23 个因子，这些特质可以概括为：睿智而有影响力、人际技巧、勤勉而有个人魅力、淡漠而达观四个因子，是一个包含能力、社交性、动机或人格、情绪四方面因素的综合结构模型。

王重鸣、陈民科（2002）运用基于胜任力的职位分析方法，以结构化访谈与开放式量表调查相结合的方式获得高级管理者的胜任力模型，并揭示出不同职位层次在胜任力结构上的差异。他们在全国 5 个城市的 51 家企业选取了 220 名管理人员作为样本进行实证研究。该研究编制了《管理综合素质关键行为评价量表》，并选取了 100 名管理人员进行了预试，获得了不同职位层次（正职与副职）管理者的胜任力结构。研究表明管理胜任力特征由管理素质和管理技能两个维度构成，但在具体的要素上不同层次管理者（正、副职总经理）的管理胜任力模型所包含的成分不尽相同。

彭剑锋（2003）是与员工优秀表现相关的个人特质的综合表现，这些特质可通过工作中展现的专业学识和相关技能等得以彰显，从而用于考量某人能否胜任特定的岗位。

仲理峰、时勘（2004）通过对 18 位家族企业高层管理者的行为事件访谈，提出了中国家族企业高层管理者的 11 项胜任力：权威导向、主动性、捕捉机遇、信息寻求、组织意识、指挥、仁慈关怀、自我控制、自信、自主学习、影响他人。并发现家族企业高层管理者更多地表现出权威导向、仁慈关怀、捕捉机遇、指挥、自我控制、自主学习等特征。

何志工等（2006）提出的管理者胜任素质梯形模型为四层次：绩效行为、知识—技能—态度、思考方式—思维定式、自我意识—内驱力—社会动机，前面两层次胜任素质为表面胜任素质，后面两层次胜任素质为中心胜任素质。

柯翔、程德俊（2006）对30名国有企业高管进行深度访谈，在文献回顾的基础上提出了包括控制力、解决问题能力、自信力、追求成就、遵从权威、团队合作能力、人际省察力和影响力8项国有企业高层经营者的胜任特征模型，但该研究仅对量表进行了探索性因子分析，尚未进行验证性检验。

王鲁捷等（2006）对中国国有企业和民营企业中层管理者进行研究发现：国有企业中的中层管理者更加重视服务意识、懂得授权、遵守职业道德准则、奉献精神、专业知识、正直诚实、决策能力；而民营企业中的中层管理者更加重视自我控制与管理、履行承诺、时间观念、宽容、社交能力、善于激励、成本意识。

李元勋（2011）通过对（E）MBA和厦门、深圳、上海、西安、郑州等地在职中层管理人员的问卷调查，得出了我国中层经理人的胜任力模型，共得出17种胜任素质：组织协调能力、亲和力、责任心、创新能力、体察力、控制能力、职业道德、信息网络建设能力、自我控制能力、主动性、分析能力、个人威望、决策能力、自信、激励和培养下属能力、个人影响力和沟通能力。

王超（2015）也利用实证研究探究互联网企业专业技术高管的胜任力，他认为技术高管应该具备良好的专业知识、良好的学习能力、自我提升意识、指导带领下属能力、对产品及技术的创新能力、获取资讯的能力、良好的同行学习交流能力等。

吴梅等（2015）在大型企业调查的基础上，提出企业经营者管理模型结构应当包括基本要素、核心要素和辅助要素。林立杰等（2015）认为管理层人员应该具备良好的用人能力和精英能力，同时在选拔管理者时要注意对其乐观自信和人际交往合作指标的侧重。李龙、刘纯阳（2015）认为，企业家的经营能力与之努力程度息息相关，并且在适当的条件下能够实现相互转换。企业家所获得的所有胜任能力并不是在成为企业家之前的理论内容学习而一次性实现的，而是在此基础上，成为企业家之后又通过实践学习的方式来不断提升的，能力也是在实践过程中进一步得以巩固和发展的。

马宽（2016）以10家互联网公司为研究对象，通过文献梳理、行为事件访谈、问卷调查和专家小组讨论的研究方法，并结合SPSS软件和AMOS验证模型，最终确立了适合互联网企业的胜任力模型。该模型包括互联网思维、虚拟团队管理、资源整合和个人特质四个维度和20个细化指标，为互联网企业运用胜任力模型进行人才管理提供了有价值的参考。

曹志成、刘伊生（2017）利用主成分分析法及层次分析法对项目经理开展了胜任力指标评价探索，更加数据化、快捷化、系统化地得到客观、公正的评价指标。

二、企业生命周期理论

企业成长实际上是企业在内外相互作用环境中经历不同周期和阶段不断演化变迁的过程，企业成长的研究中根据企业在不同时期所呈现的不同发展特征（质性规定和量的范围），对企业的成长阶段和周期进行了研究。在这一领域最早提出企业生命周期概念的是马森·海尔瑞（Haire），20 世纪 50 年代他提出用生物学中的“生命周期”观点来看待企业，认为企业的发展符合生物学中的成长曲线，并指出企业发展过程中会出现停滞和消亡等现象，其主要原因是企业管理水平的局限性成为企业发展的“瓶颈”。1956 年研究者开始研究组织生命力问题，其中哥德纳（Gardner）在《如何防治组织的停滞和衰老》一文中指出，一个组织在经历了停滞后完全可以持续不断地实现自我更新，恢复生机。企业生命周期与生物学中的生命周期相比具有其特殊性：①企业发展具有不可预见性；②企业发展过程中可能会出现一个既不明显上升也不明显下降的停滞阶段；③企业的消亡可以通过企业的变革得以再生，从而开始一个新的生命周期。[①]

自海尔瑞和哥德纳之后，企业成长阶段和生命周期的研究变得非常活跃，有关企业成长周期和阶段的理论或模型层出不穷（见表 2-3）。概括起来，对于企业成长阶段的划分一般有四种研究视角：

一是根据企业发展所呈现的经济绩效（如市场、产业、利润或成本等特征）来划分。例如，1983 年丘吉尔（Churchill）和刘易斯（Lewis）提出了企业成长模型[②]。根据这一生命周期模型，企业在创业发展初期，规模小，销售增长率和市场规模都很小，到了快速成长期，产能、销售都快速放大，在企业成熟期，企

① 戚东梅，秦辉. 企业生命周期与民营企业的成长［J］. 经济界，2003（6）：27.

② Neil C. Churchill, Virginia L. Lewis. The Five Stage of Small Business Growth［J］. Harvard Business Review, 1983（5-6）：30-50.

业资产规模则进一步变大，但销售增长率和利润则趋于平稳。

二是根据将企业视为组织单位，根据企业在不同时期所呈现的组织和管理的特点（如组织的结构复杂性、组织功能或职能的分化程度、组织的文化或组织气候特性、组织的权力结构）来划分，如劳伦斯·斯坦梅茨（Steinmetz）的四阶段理论、拉瑞·葛雷纳（Greiner，1972）的五阶段模型。拉瑞·葛雷纳研究了企业组织演化过程，他提出的五阶段模型包括：通过创造性获得增长阶段、通过指导与控制获得增长阶段、通过授权获得增长阶段、通过协调获得增长阶段、通过合作获得增长阶段。每一个阶段都是由一个革命性危机引发的，并且每一个危机的出现都标志着前一个阶段的结束。

三是将企业视为生命体，通过与生物体生命周期特征的类比来对企业成长阶段进行划分，如阿迪斯（Adizes）1989 年提出的企业生命周期模型。阿迪斯认为，企业的成长与老化同生物体一样都是通过灵活性和可控性这两大因素之间的关系来表现的，按照这两个因素企业的生命周期可以划分为三个阶段、十个时期，分别是由孕育期、婴儿期、学步期构成的孕育阶段，由青春期、盛年期和稳定期构成的成长阶段，以及由贵族期、官僚化早期、官僚期和死亡期四个时期组成的老化阶段。陈佳贵是我国对企业生命周期理论研究比较全面深入的学者，他认为，企业生命周期是指企业从诞生、成长、壮大、衰退直至死亡的过程，并将其划分为六个阶段，即孕育期、求生存期、高速成长期、成熟期、衰退期和蜕变期，并认为企业经历衰退期后，存在两种前途：其一是衰亡，其二是蜕变。

四是综合上述三种或两种划分方法进行的综合划分，如福莱姆兹（Flamholtz）1998 年提出的七阶段模型。在上述生命周期模型中，第二种视角和第三种视角与本书研究在企业成长中使用的文化理论和演化理论存在模型上的相关性。

表 2-3　企业生命周期阶段划分研究观点

提出者	出版年份	阶段数	阶段划分依据
McGuire	1963	5	经济增长阶段模型
Lippitt	1967	3	组织结构复杂程度
Steinmetz	1969	4	所有者对企业的控制方式
Scott	1971	3	组织结构复杂程度
Greiner	1972	5	管理风格

续表

提出者	出版年份	阶段数	阶段划分依据
Tobert	1974	8	成员的心理状态
Downs	1977	3	组织结构复杂程度
Galbraith	1982	5	针对高技术企业
Quinn 和 Cameron	1983	4	管理制度（管理风格、组织结构）
Churchill 和 Lewis	1983	5	管理风格、组织结构、运营系统、战略、业主涉入企业的程度
Miller 和 Friesen	1984	5	战略、结构、环境、决策形态
Smith，Mitc Bell 和 Summer	1985	3	企业规模
Flamholt	1986、1990	7	企业规模（以销售额计）
Kazanjian	1988	4	产品或技术的生命周期
Adizes	1989	10	实现企业目标、行政、创新精神、整合
Timmons	1990	4	销售收入、企业年龄
Rowe 等	1994	5	组织规模、管理风格
陈佳贵	1998	5	企业规模
李业	2000	4	销售额
周三多、邹统钎	2002	3	经营战略
单文、韩福荣	2002	10	可控性、灵活性、企业规模
熊义杰	2002	4	时间
陶长琪	2003	4	时间
孙建强、许秀梅、高洁	2003	4	收入增长率、市场占有增长率、科技成果转化增长率、成本降低率、规模扩张率
李永峰、张明慧	2004	6	总资产、无形资产、销售收入、现金净流量、生产成本、利润、R&D 投入、运营能力
Daft	2007	4	结构、产品或服务、奖励与控制系统、创新、企业目标、高层管理方式
吴琛越	2008	n. a	销售额、利润额
孙正林、王要武、刘红娜	2009	6	企业规模

资料来源：王炳成．企业生命周期研究述评［J］．技术经济与管理研究，2011（4）：54.

三、高阶理论与领袖生命周期理论

企业高阶理论和生命周期理论是研究组织领导者中的重要理论，也是本书的理论来源之一。

（一）高阶理论

高阶管理理论核心思想的内在逻辑就是：企业高管的个人特质（阅历、价值观和个性等）规定着他们对企业经营内部环境的分析和决策态度，并由此决定了他们对企业愿景、战略定位和战略过程的选择与执行，继而影响甚至决定了企业绩效和发展轨迹。[①] Hambrick 和 Mason（1984）创新性地提出了高阶理论（Upper Echelons Theory）。该理论以人的有限理性为前提，把高层管理者的特征、战略选择、组织绩效纳入高阶理论研究的模型中，突出了人口统计学特征对管理者认知模式的作用，以及对组织绩效的影响。相关的实证研究证实了企业高管对企业绩效的显著作用。在控制了时间、产业和企业等方面的相关背景因素以后，企业高管（尤其是 CEO）一般可以解释 5% ~20% 的企业绩效变化。

早期的高阶理论和应用研究主要关注的是高层管理者的社会人口统计特征对企业经营管理的影响。这些特征包括年龄、教育经历、职务、工作年限、专业（行业）背景等。高阶理论强调这些可观察的管理者特征变量，即人口统计学变量，而不是心理因素变量，这对于高阶理论的发展来说十分重要。因为能够表现高层管理者认知基础、价值观的心理因素变量不易测量，并且相关的管理者配合这种测试的意愿也较低。一些有很强解释能力的人口统计学变量，如任期、职能背景很难找到类似相对应的心理因素变量。应用高阶理论的观点分析问题的时候，特别是预测竞争对手的行为和反应时，都需要能观察到的数据的支持。在深度方面，Finkelstein 等（1996）将高阶梯队理论拓展为战略领导力，并开始直接检验高管的心理特征，如个性、认知、价值观，以及团队动态过程等，考察这些

① 李金早，许晓明．高阶管理理论及其完善与拓展［J］．外国经济与管理，2008，1（10）：8－16.

主观变量对于信息处理和战略决策的影响。①

近段时期以来，高阶理论的发展一改排斥心理因素变量对高管人员领导力影响的做法，在人口特征变量之外，积极挖掘高层管理者心理特征对其经营管理战略、组织过程和业绩的影响。Rotter（1966）重点探索了心理控制点（Locus of Control，LOC）对高管人员领导行为的影响。② 相关研究发现：外控型 CEO 面对生活更加被动，缺乏创新和风险意识；内控型 CEO 更加呈现出任务导向，在激烈竞争和动荡的环境下更能游刃有余，表现出更高的创新、冒险和先发制人，更容易在创业型或小型企业中获得成功，更愿采取国际化战略、差异化战略而非成本领先战略。外控型 CEO 往往会导致企业走向破产；内控型 CEO 主导的团队比外控型主导的团队表现更优。Rosenthal 等（2006）提出了自恋型领导力定义，他们认为自恋型领导具有宏伟的信念系统和领导风格，通常被权力和赞赏需求而不是对所领导组织和成员的同情所激励，他们拥有有效领导力所必备的魅力和宏伟愿景。③ Chatterjee 等首次实证研究了 CEO 自恋与公司战略及绩效的关系。他们构建了 5 项自恋指数，即公司年报中 CEO 照片的显著性、公司新闻报道中 CEO 的显著性、采访中第一人称代词单复数之比、CEO 与排位第二高管的现金报酬之比及非现金报酬之比。研究 1992～2004 年美国计算机软硬件行业 105 家企业的 111 位 CEO 的相关数据，发现 CEO 自恋倾向与战略动态（资源部属变化或 SIC 变化）、战略宏伟性（收购的数量和规模）、极端绩效、绩效波动呈正相关。④

（二）领袖生命周期理论

高阶理论从高管人员的结构特征方面探索了高层管理者的领导行为、领导过程、经营战略和企业绩效。然而，高层管理者的结构特征存在可变动性和易固守

① Finkelstein S.，Hambrick D. C. Strategic Leadership：Top Executives and Their Effects on Organizations［M］. St. Paul，MN：West Publishing Company，1996.

② Rotte J. Generalized Expectancies for Internal versus External Control of Reinforcement［J］. Psychological Monographs，1966，80（1）：1－28.

③ Rosenthal S. A.，Pittinsky T. L. Narcissistic Leadership［J］. The Leadership Quarterly，2006，17（6）：617－633.

④ 汪金爱，宗芳宇. 国外高阶梯队理论研究新进展：揭开人口学背景黑箱［J］. 管理学报，2011，8（8）：1247－1255.

性双重特征。有的结构特征比如职务、任职经历、业务专长会发生不断变化并形成高管人员管理风格的变化，有的结构特征如价值观、领导偏好、沟通方式、人格特性却又很难改变。这些变与不变对企业发展和影响就相当重要。进一步来说，高管人员在实践中积累形成的领导风格和定型化领导行为，也有其产生、有效、停滞、衰变等类似生命轮回的生命周期。目前关于领导生命周期的专门性研究尚不多，其中最为著名的是从下属成熟度这一角度"被动"地研究领导的生命周期。

1991 年美国哥伦比亚大学管理学者汉布瑞克和福克托马提出了总裁生命周期的五阶段假说①（见表 2－4）。他们认为，企业总裁的管理生命普遍存在着一个周期，分为以下五个阶段：受命上任、探索改革、形成风格、全面强化、僵化阻碍。随着任职时间的延长，总裁绩效出现了始于上升、继而持平、终于下降的抛物线现象。这似乎说明，随着执业时间的不断延长，经验日益丰富，逐步形成了较强的思维定式，这种思维模式的固化带来的是与形势的不适应，影响了决策的民主化和科学化水平。

表 2－4　总裁生命周期的五个阶段

主要变化因素和阶段	受命上任	探索改革	形成风格	全面强化	僵化阻碍
认知模式的刚性	中强	或弱或强	中强	强且上升	非常强
职务知识	知之甚少但上升很快	大体熟悉；中速上升	非常熟悉，缓慢上升	非常熟悉，缓慢上升	非常熟悉，缓慢上升
信息源泉	来源广，未经过滤	来源广，信息过滤产生	依赖少数信息源；信息过滤现象加剧	依赖少数信息源；信息高度过滤	非常少的信息源；高度过滤信息
任职兴趣	高	高	中高	中高但是下降	中低，下降
权力	弱、上升	中、上升	中、上升	强、上升	非常强、失控产生

资料来源：王书坚．从两个生命周期理论看国有企业领导人员激励监督机制问题［J］．华东经济管理，2001，15（4）：43－48.

① Donald C. Hambrick and Gregory D. S. Fukutomi. The Seasons of a CEO's Tenure［J］. The Academy of Management Review，1991，16（4）：719－742.

王志平（1996）借用营销学中有关产品生命周期的理论和方法，将“企业家生命周期”也分为四个阶段：引入期、成长期、成熟期、衰退期。在引入期时，未来的企业家人微言轻，虽埋头努力却得不到足够的承认。进入成长期后，企业家开始引人注目。一旦迈入成熟期，企业家头生光环，荣誉紧跟成就滚滚而来。但在高峰过后企业家的实际成就已不如从前，但绝大多数人未能察觉这一点。终于企业家的衰退期开始了。此时，工作成就每况愈下，不仅周围评价下降、指责不断，企业家本人也日感心力交瘁、回天无术。

2003 年英国的学者安德鲁·沃（Andrew Ward）通过对过去和现在杰出领袖的研究，结合企业生命周期理论提出了使领袖与进化中的生命组织相适应的领袖生命周期理论（见图 2 -3）。他给处于企业成长不同阶段的领袖进行组织角色的定位，认为任何领袖在企业成长生命周期中都存在从创建到增长，从增长到成熟，从成熟到转折和下降的过程和关键点。当组织处于从上一个阶段向下一个阶段转变的关键点时，作为企业的领袖首先需要能够提前判读和识别企业正在发生的演变；其次，更为重要的是企业领袖应当作出决策：“你是否愿意和是否能够转到下一阶段的领袖角色，”① 如果不能则企业一定会出现“领袖更替”。

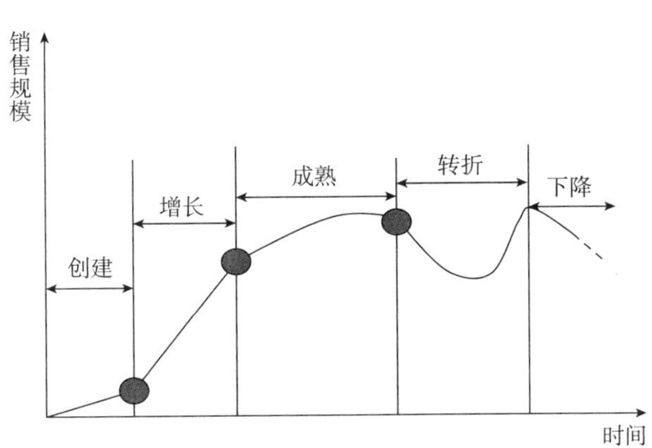

图 2 -3　领袖的生命周期

资料来源：Andrew Ward. The Leadership Lifecycle：Matching Leaders to Evolving Organizations［M］. London：Palgrave Macmilan Houndmills，2003：7.

① Andrew Ward. The Leadership Lifecycle：Matching Leaders to Evolving Organizations［M］. London：Palgrave Macmilan Houndmills，2003：278.

黎赔肆等（2010）对企业家生命周期理论进行研究和评述，通过搜索相关数据库和著述对国内外企业家生命周期研究的相关文献的分析，从时间和属性两个维度对企业家生命周期的含义进行了解析，将企业家生命周期的文献分为基于企业生命周期、基于 CEO 任期、基于企业家个体自然生命周期和基于企业家身份四类。作者将各个文献中企业家生命周期的阶段进行划分，得出的结论如表 2 - 5 所示。

表 2 - 5　企业家生命周期的阶段划分

文献类型	主要作者	研究对象	阶段数	阶段名
基于企业生命周期	Ward（1986—2004）	一般企业	5	创建期 增长期 成熟期 转折期 下降期
	王志平（1995）； 沈建芳（1999）； 谢获宝、徐晓莉（2005）	一般企业	4	初创期 成长期 成熟期 衰退期
基于 CEO 任期	Hambrick 和 Fukutomi（1991）	一般企业	5	响应期 试验期 选择期 整合期 退化期
	Miller 和 Shamsie（2001）	制片业	3	学习阶段 收获阶段 下降阶段
基于企业家个体自然生命周期	Hunter（2005）	一般企业	5	准备阶段 起步阶段 探索阶段 扩张阶段 变革阶段

续表

文献类型	主要作者	研究对象	阶段数	阶段名
基于企业家身份	丁栋虹（1999）	一般企业	3	边际报酬递增 边际报酬递减 边际报酬为负
	谢获宝等（2006）	一般企业	6	培育 步入 成长 成熟 衰退 退出

资料来源：黎赔肆，李利霞，戴志辉．企业家生命周期理论研究现状及评述［J］．南华大学学报（社会科学版），2010，11（5）：65－68.

四、组织演化理论

哈耶克（Hayek）是20世纪西方著名的自由派经济学家和哲学家，他的学术思想核心基础便是自发秩序观，即自由社会是一个自发形成的社会秩序。哈耶克认为人类社会中存在的各种制度，不是“设计”的结果，而是一种自发进化、自由选择的结果。在经济制度的形成过程中，人们并不能事先预知最后确定的结果，往往是依照自己的认识，自我创造，自由选择，最后的制度结果往往与人们设想的不相一致。制度同时是一个不断“试错”的过程，人们往往相互适应、相互调适，对错误的选择只有在选择之后才能修正。哈耶克对“道德和习俗”这类不具有强制力却能为人们所一致遵循现象的制度进行分析，认为道德和习俗是无数人数代行动的结果，人们在行动中认识到遵守这些规则有利于人们相互之间有秩序地交易，可以建立一个有稳定预期的框架。

演化经济学家纳尔逊和温特把制度定义为“日常惯例”（Routine），认为“日常惯例”就是经济变迁中的基因，“起到了与基因在生物演化中同样的作用，这是一种重复的行为方式、一种文化的演化过程，它们控制、复制和演化过程，它们控制、复制和模仿着经济演化的路径和范围”。① 霍奇逊（Hodgson）认为制度是通过传统、习惯或法律约束的作用力来创造出持久的、规范化的行为类型的社会组织。多希（Dosi，2005）指出，制度的内涵可以归纳为：“有型组织（企业、社团、工会等）；集体共享的行为方式（惯例、社会习惯等）；消极的规范和约束（道德规定、正式的法律）。”②

纳尔逊和温特将对制度的演化分析中的惯例用来揭示企业的演化过程，他们认为，企业的行为可以由它们使用的惯例来解释，“对于一切规则的和可以预测的企业的行为方式，我们一般使用的名词是‘惯例’……这些惯例起着基因在演化理论中所起的作用”。③ 惯例决定着企业的行为，从而确定了企业在每一个时期的投资量和产出。而企业绩效通过市场竞争加以选择，并把这种选择结果反馈给企业。惯例是相对稳定的，而且密切依赖于企业这个“语境”。因此，从惯例概念出发能解释遗传和选择机制。演化经济学在企业和企业制度的演化上坚持：“在某一个时期中任何一点的组织结构都不能完全通过那一时期普遍存在的条件来解释。相反，这些组织结构必须放在演化时间路径中去看待，在这条时间路径上产生了搜寻惯例、契约网络、文化准则、习俗以及伴随制度发展而产生的非正式的实施机制。”④ 在企业内部，我们可以将上述提及的惯例性的规则或制度发生的演化简要地描述为如图 2 -4 所示。

如图 2 -4 所示，在外界环境没有发生变化时，企业基因发生的突变往往是不适合环境的，因此变异无法保留下来。当外界环境发生变化时，新信息、能量涌入，打破了原有均衡，成员们不断试错并不断依据别人的行为而调整自己的行为，经过振荡之后形成新均衡。企业组织就是在这种外界新的信息涌入使得内部变异得以出现，并在经过外界对这种变异进行选择之后逐步演化的。

---

① 盛昭翰，蒋德鹏．演化经济学［M］．上海：上海三联书店，2002：129.

② 多希．制度与演化经济学现代文选：关键性概念［M］．贾根良等译．北京：高等教育出版社，2005：125.

③ Nelson，Richard R. Why Do Firms Differ，and How Does It Matter？［J］．Strategic Management Journal. 1991（14）：61 -74. 相关观点还可参见：纳尔森，温特．经济变迁的演化理论［M］．北京：商务印书馆，1997：19.

④ Martin Ricketts. The Economics of Business Enterprise：An Introduction to Economics Organization and the Theory of the Firm（3rd）［M］．Edward Elgar Publishing，Ltd，2002：355.

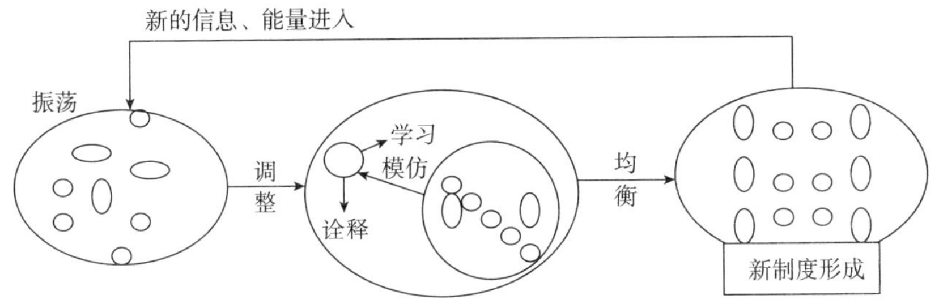

图 2－4　企业内部规则的演化

资料来源：郭强，李霞．企业成长的演化机制分析［J］．生产力研究，2006（2）：223.

五、O－P 匹配理论

人与组织匹配理论［O（Organization）－P（Person）匹配理论］自 20 世纪 50 年代提出以来，一直受到学者们的极大关注。Super 认为，O－P 匹配理论的核心是员工的个人特点必须与员工从事的岗位相一致，即员工的个人特质与组织岗位之间的密切相关性。O－P 匹配理论认为个体差异是普遍存在的，每一个个体都有自己的个性特征，而每一种职业由于其工作性质、环境、条件、方式的不同，对工作者的能力、知识、技能、性格、气质、心理素质等有不同的要求。

在人职匹配领域研究中，霍兰德（Holland）的人格类型论产生了广泛的影响，其设计的职业人格量表被广泛地推广使用。[①] 霍兰德人格类型理论认为个人的兴趣组型即是人格组型，同一职业团体内的人有相似的人格，因此他们对很多情境与问题会有相类似的反应方式，进而产生类似的人际环境。为此，霍兰德将个体类型划分为六种人格类型：社会型、企业型、常规型、实际型、调研型和艺术型。霍兰德认为人们寻求能充分施展其能力与价值观的职业环境；个人的行为取决于个体的人格和所处的环境特征之间的相互作用。由此，霍兰德提出了人格类型与职业类型模式，不同类型人格的人需要不同的生活或工作环境。例如“实

① Norman N. Holland, Holland' Guide to Psychoanalytic Psy－chology and Literature and Psychology［M］. New York: Oxford University Press, 1990: 62－63.

际型”的人需要实际型的环境或职业，因为这种环境或职业才能给予其所需要的机会与奖励。

后来更多的学者强调了中介变量如组织、环境（文化）目标等对人职匹配关系的重要性。Kristof 在研究人与岗位匹配关系时，没有局限于来年各个变量，而是引入了人与岗位所依托的组织，他认为应当重视 O－P 匹配时人与组织之间的相容性，即个体特征与组织特征具有相容性或一致性，强调探讨员工特点、组织的特点与绩效的交互影响和依存关系。

Krogh 和 Roos（1995）认为，个人所拥有的主观知识与技巧，在与环境因素互动之后，会逐步客观化、合法化，进而成为组织特殊共有的知识。所以，个人胜任力是组织胜任力的来源与基础，组织胜任力则是个人胜任力的整体表现。O' Reilly 等认为，O－P 匹配在很大程度上是员工和企业文化的一致性，只有员工的个人特质与企业文化的相互融合才能真正实现人与组织的匹配。由于企业文化体现在企业价值观、经营理念和行为规范上，成为人们自觉遵守的行动准则，由此会影响员工的行为与绩效。所以，企业文化如果与胜任力相互融合，则能增强企业的核心竞争力，大大提高企业成功的概率，为企业创造可观的绩效和价值。

第三章　高管人员胜任力及其情境演化

高管人员作为企业的智识和权力中心，他们的胜任力行为对企业经营和组织管理的方方面面都有决定性的影响，不过高管胜任力的不同要素在企业经营管理中的功能不一样，并且高管胜任力行动效果要受到企业组织情境的限制或者激发。本章将探索高管胜任力一般模式和高管胜任力的情境演化的理论逻辑。

一、高管人员胜任力对企业经营管理的影响

高管人员是公司重大经营策略和战略方针的制定者和执行者，胜任岗位工作的高管人员能及时把握市场机遇，分析经营环境的变化并制定出正确的战略规划和执行策略，识别风险并修正公司经营战略，带领团队高效地执行工作方案，不断开拓创新。总体来说高管人员胜任力对企业经营管理的影响表现在以下六个方面：

（一）高管人员胜任力与企业目标确定

高管人员在企业中的战略性地位也决定着其工作行为对企业经营策略和运作方针的影响，在企业经营初期高管人员具有良好的机会洞察能力，能及时地把握创业机遇，在充分识别风险的前提下制定正确的经营目标，追求市场扩张和占有率，使企业稳步、正常经营。

在企业成长的中后期，胜任工作的高管人员也能较好地识别经营中的机遇和风险，在保证企业能正常配置资源的前提下适当风险经营，有较好的全局掌控能力，制定前瞻性的战略目标，带领企业正常运转。

（二）高管人员胜任力与战略制定

经营目标确定之后，胜任岗位工作的高管人员会根据目标制定出相应的经营战略，通过内外部环境进行基础分析，确定企业经营的优势和劣势，建立长远目标，在整体上制定企业战略并逐一细分为业务层面的战略，并最终形成一个完整的体系。

战略制定并不是一成不变的，要根据具体的经营情境进行调整，使企业组织架构与多元化的经营愿景相匹配。胜任岗位工作的高管人员具有前瞻性的思维和决策能力，能根据经营环境的变化调整战略目标，重新制定资源配置方案，在宏观上合理分配企业资源，制定适应成长各阶段特征的战略决策。

（三）高管人员胜任力与计划执行

在企业经营目标和战略方针制定出来之后，高管人员会以身作则地倡导下属努力践行，执行力是一种自觉、本能的行为，当员工认同公司经营目标和战略决策时，团队整体执行力就会大大加强，相反当两者出现悖离时执行力就会有所减弱，高管人员不仅是战略目标和决策的制定者，更是企业理念的引导者和传播者，胜任岗位工作的高管人员能和公司各阶层做好沟通，打好提高执行力的心理战。

另外，高管人员的工作特殊性也决定了他们在提高企业执行力中的重要作用，高管人员要以身作则地为公司做贡献，在做好本职工作的前提下对下属的工作负责，利用个人魅力引导员工向企业核心价值观靠拢，适当放权并对下属员工的任务执行情况进行监督，及时纠正他们的价值观偏差，在整体上提高企业的执行能力。

（四）高管人员胜任力与组织管理

组织相比个人在工作完成效果方面有很大的优势，高效组织在执行任务时会发挥较强的协同作用，其效果远远大于个人工作效果的总和，因此高管人员要做好组织管理工作。胜任工作的高管人员是优秀组织的建立者和引导者，他能明确在企业经营的特定阶段中所需要的组织类型并进行积极的引导，利用个人魅力影响组织成员，营造高昂的组织氛围，及时排除组织中的非正式群体，增强组织成

员的向心力，在充分统筹和协调组织人员的基础上建立高执行性的组织，在共同价值观念的引导下高效、准确地完成企业赋予的任务。

（五）高管人员胜任力与文化建设

企业文化是企业经过中长期经营之后形成的为员工所共同认可的价值观、理想、工作作风、行为习惯和规范的总和，对企业成员具有感召力和凝聚力。它是企业核心竞争力之一，能在一定程度上影响员工的价值观和行为规范，增强组织凝聚力，提高团队执行能力。

胜任岗位工作的高管人员能深刻认识到文化建设对企业绩效的影响，积极地从外部引进先进的理念，并利用个人影响力加快先进文化的进入和渗透过程，打造具有先进理念和企业文化的团队，增强组织的向心力，提高组织凝聚力并通过良好的文化氛围影响员工行为，形成企业特有的核心竞争力。

（六）高管人员胜任力与创新变革

创新变革是实现企业保持持续增长的重要途径，创新体现在组织架构、运营、管理、产品、理念等多个方面，意味着在多个维度上用新的思想或方式改变现有的经营状况。企业经营所面临的内外部环境瞬息万变，这也要求决策者能有良好的风险和机遇感知能力，适当地改变企业的经营策略和方针，在不断的创新变革中修正企业的经营方向。

胜任工作的高管人员具有良好的创新意识和变革影响力，能积极地引进创新机制和人才，不断地引进新的管理理念和模式，并敢于利用创新方法对企业战略决策和经营方针进行变革，使企业顺利经营。

二、高管人员胜任力的要素特征与一般模型

在分析高管人员胜任力随企业成长周期演化之前，有必要对高管人员胜任力的一般结构进行简要分析，这个一般结构其实也就是高管胜任力演化的基础要素。

（一）高管人员胜任力的要素特征

大量的研究分别以“企业家”“高层经理人”“高层领导者”（或企业领导人）等研究称谓来指代高管人员对其进行胜任力的研究。研究者根据自己的研究结果提出各自关于高管人员胜任力的要素和特征模型。笔者就本书检索到的文献和引用相关学者的文献综述，粗略统计了一下关于高管人员胜任力要素描述的词语不下80个，这还不包括对统一胜任力要素特征的精细而有差异的描述，比如高管人员的“组织胜任力”，就有“组织意识”“组织”“组织承诺”“组织能力”“组织协调”等多种要素表征。海量的有关高管人员的胜任力要素表征，说明作为企业的高层管理者，要取得优秀业绩必须具备常人难以企及的“全人”品质和能力，但另一方面，我们不禁要问：现实的取得优秀业绩的高层经理和企业家，如苹果的史蒂文·乔布斯、GE的杰克·韦尔奇、国际新闻集团的默多克、松下的松下幸之助以及张瑞敏、任正非、董明珠、李东生等，又有几个人是具备这些“充要”胜任力才带领他们的企业团队实现了企业发展的奇迹？此外，大量的关于高管人员胜任力词语描述或者词语交叉重叠或者刻画过细或者存在跨文化差异，使高管人员胜任力变得复杂而难以捉摸，现实的管理者对此难以适从，并最终造成胜任力理论难以在管理实践中落地。

我们认为应当从高管人员特征和胜任力基本思想出发，并先定地“屏蔽”高管人员从事工作的行业差异、专业背景差异、企业规模差异、企业发展环境差异、组织文化差异、组织结构差异等外部或历史条件的差异，而遵从通用、必要和一般性原则来识别高管经理人的胜任力要素。其中，“通用和一般性”表明任何企业的优秀高管人员几乎都具有这一胜任力特征。例如，良好的“大局观和战略设定能力”，这几乎是所有企业优秀高管都擅长的能力。“必要”原则表明，如果高管人员缺失这一胜任要素或者其要素能力不足，那么，高管人员无法创造经营管理的优异成绩。例如，高超的“资源整合与配置能力”，企业的经营管理就是围绕经营和竞争目标，进行创造性的资源整合优化并创造社会价值实现企业发展。具有胜任力的高管人员就是极其“善借于物”，整合各种资源形成企业核心能力的人。

高管人员胜任力具有分层结构特征，一种胜任力要素又是由若干种属性或维度构成，研究者应当识别适合“通用必要”原则的胜任力要素属性，区分上位

概念和下位概念，而不能将相互有重叠且存在“包含关系”的胜任力要素与属性混杂在一块。此外，研究者应当使应用高管人员胜任力研究成果的人清楚：有不少优秀高管人员的胜任力要素，业绩表现或能力较差的高管人员也具有，但是后者的胜任力要素的“存量和增量”不足，即高管人员胜任力不仅有要素结构的差异（质性差异），而且有要素能量的差别。

基于此，根据检索到的有代表性高管胜任力的研究成果，结合笔者参与的企业管理咨询实践，按照“通用、必要、简单”的原则，我们尝试总结高管人员胜任力的一般要素。

首先，作为企业的高管人员都必须主导和参与企业的经营决策，做出全局和方向性判断与筹划，对企业经营管理中出现的问题有良好的分析归纳与决策应对能力，对整个企业的管理控制模式与风格有明确的思考与判断。这里蕴含了两大胜任力要素：“概念思维胜任力”和“战略管理胜任力”。

其次，企业高管人员必须有足够能量能够在高效运营和领导管控方面达成公司经营的各项目标，并取得超越目标的绩效。要做到这一点，从能力方面而言需要“领导组织胜任力”和“管理控制胜任力”，从个人素质潜能来看，则需要超越一般人的“自我管理胜任力”，以下分别对这五个高管胜任力维度进行界定，并指出其二级指标范畴。

（1）概念思维胜任力：优秀高管人员较之一般者能够更准确、更实质性、更全面、更迅速、更主动地对企业经营管理各种事项和问题做出分析、归纳、推断、决策和应对。它的二级胜任力指标至少包括：机会洞察、认知能力、信息搜寻与判断、问题感知与解决、知识经验吸纳应用能力、创造力等。

（2）战略管理胜任力：优秀高管人员较之一般者有更明智的战略意识和战略洞见，更善于和更有效地做战略筹划和实施战略运作。它的二级胜任力指标至少包括：愿景设定、战略预见力、战略决策力、战略计划与实施。

（3）领导组织胜任力：优秀高管人员较之一般者有更高超的驾驭组织和下属的领导艺术和能力，其“搭班子带队伍”虽然更有其不同“妙招”，但其二级胜任力指标至少包括：愿景感召力、非权力性影响力、配置资源能力、整合资源、授权、引领变革、团队合作、知人善任等。

（4）管理控制胜任力：优秀的高管不仅关注整体的领导和把控，重视权力的分配使用和资源的配置，而且重视科学的“流程管控”与恰到好处的“细节管理”。管理控制胜任力的二级胜任力指标至少包括目标执行能力、制度流程管控力、人际协调能力、关系协调、效率与成本、激励、冲突管理等。

（5）自我管理胜任力：优秀的高管其本身综合素质、心智模式和印象管理能力较之一般者有明显的差异，他们有更加强大的自我管理和自我激励的能量。自我管理胜任力的二级指标至少包括：自信、成就欲、价值感召、自我调控、适应变化、创新学习、亲和力、表率示范等。

这五个高管胜任力维度无论是在哪个行业，或者企业处于何种发展境遇及发展阶段，身处其位的高管人员都必须使用，而是否全面具备这五个方面的“胜任力”，则成为区分优秀和一般的根本。处于不同的企业发展环境的高管人员在这些维度的二级指标方面哪些指标具备胜任力，哪些指标胜任力较差甚至缺乏，并不一定会影响其高管胜任力的行动效果。根据 Spencer 等（1994）对胜任力所做的基准性胜任力和鉴别性胜任力的划分①，我们可以将上述五种高管胜任力划分为三种：战略管理胜任力和管理控制胜任力属于基准性胜任力；概念思维胜任力和自我管理胜任力则属于鉴别性胜任力；而领导组织胜任力兼具两类胜任力的特点，可归为基准鉴别胜任力。

（二）高管人员胜任力一般模型

胜任力的各个要素并不是处于同一平面水平的结构，它们对个体工作效能和影响也存在很大差别，对各个要素的感知和评价的触点也存在很大差异。而对人才选拔、绩效评价和激励管理而言，找到一个完整认识和实践运用的方法套路来推广应用胜任力，这是研究者和实践者普遍关心的问题。Spencer 的胜任力冰山模型给后来者很大的启发并得到广泛应用。我们的高管胜任力要素也可以通过冰山模型呈现其要素的结构关系（见图 3-1）。

企业高管人员的胜任力结构模型中，战略管理胜任力和管理控制胜任力的要素更多地具有“知识技能”属性，可以通过专业学习、行业工作、业务实践等方面不断积累而形成，当然，战略管理胜任力也受到个体的自我认知偏好和

① 基准性胜任力是指那些较容易通过培训、教育来发展的知识和技能，是对任职者的基本要求；鉴别性胜任力是指那些在短期内较难改变和发展的特质、动机、自我概念、社会角色、态度、价值观等，是高绩效者在工作中取得成功所必须具备的条件，是对任职者的重要要求，是招聘和培养胜任特定工作的任职者的关键。

动机的影响，但主要还是在可以观测的知识技能范畴。领导组织胜任力是个居于冰面上下之间的高管胜任力要素，关于领导与组织的方法、原则、适应条件等属于知识技能范畴，而领导风格、权力运用、组织习惯、整合资源、引领变革等要归属于“社会角色”“特质动机”等属性范畴。高管的概念思维胜任力则主要属于“自我概念”的属性范畴，尽管其部分要素与“知识技能”属性有关系。自我管理胜任力则属于更加深层的“自我概念”属性和“特质动机”属性，其可变性和有恒性完全受控于个体对个体人格的执着与适应。

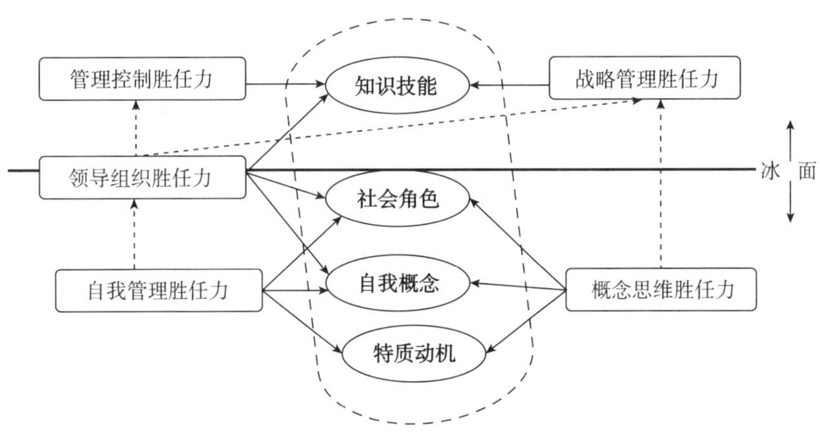

图 3-1　企业高管人员胜任力一般模型

三、高管人员胜任力的情境演化

企业“情境”变量日渐成为研究者开展企业管理研究，尤其是本土管理研究中偏爱的变量。情境一词的英文为 context，在语言学中是“语境”的意思，在管理当中，所谓的“情境”就是由历史遗留及对未来的预期而决定的、表现形式多样的、现行的占主流地位的环境因素——它们决定了该任务是否能正确地完成。[①] 在研究复杂的管理系统时，情境也可以是指系统本体所处的主客体背景。其中，客体背景是存在于组织层面和社会层面的客观环境要素，包括：组织结构、组织愿景、组织文化、领导风格、组织知识库、信息技术、市场竞争与机会、任务等。[②] 主体背景主要是行动者（包含个体、团队、组织）的认知能力、结构、人格特性、心智模式等。

高管人员的任何经营管理活动都是在一定组织条件下展开的，换言之，高管人员的岗位工作的履行和经营领导行为的实现都是在企业内外部动态情境关系中进行的。总裁层承担的是特定环境中组织系统全局战略总管的责任，离开了情境要素，高管人员的工作便没有了平台。领导者的绩效取决于他是否能在不同的工作情境下识别对工作绩效有重要影响力的胜任特征因素，并根据不同情境开发和运用相关胜任力因素实现组织管理的目标。[③] 因此，高管人员的胜任力研究和实践不能脱离企业的情境要素，而仅仅围绕岗位工作职责构建企业经营者胜任力素质模型和评价高管人员的胜任特征。

然而，当下有关高管人员胜任力的研究，无论是企业家胜任力还是经营者/经理人胜任力的研究，大多数关注高管岗位或高管个体层面的胜任特征的研究，从岗位和个体层面来构建高管人员的通用胜任力、专业胜任力、鉴别性胜任力等。这种研究模式试图找出某一职务岗位、行业岗位都能通用的胜任力素质规律，但由于其脱离了高管人员管理工作的具体组织情境，静态地考察其胜任力的要素，反而使得高管人员胜任力研究脱离了实践工作的需求，远离了管理的实践特性。这也正是当前的胜任力研究尤其是高管人员胜任力研究成果，被认为学术气息较重但实用较弱，而受到实务界质疑的主要原因。

胜任力理论作为建立在成功领导者基础上的研究，将成功的领导者特征，分离成可以测量的行为、态度、技能，并尝试建立模型意图能创造卓越绩效的领导者。然而，领导者的胜任力的获得和实现，必须依赖组织发展演化的内外部情境。正如 Colombo 和 Grilli（2005）在基于胜任力的新技术企业成长和人力资本

---

① 拉比尔·S. 巴塞. 情境管理：全球新视角［M］. 石晓军，刘宇，李恒金译. 北京：机械工业出版社，2000：4.

② 李江，和金生，王会良. 基于情境管理的隐性知识管理方法研究［J］. 科学学与科学技术管理，2008（8）：77－85.

③ 张月云，方承武. 领导者胜任力模型应用失效的原因分析及对策探究［J］. 商场现代化，2010（12）：165－167.

研究中所指出的，对于创业企业而言，企业家的胜任力就是如何创造新企业并保持生存和获得成长的能力①，创业技能对创业企业的绩效和成长有显著性的贡献②。我们考察高管人员的胜任力所嵌入的情境时，至少可以从以下三个方面入手：

1. 企业成长与竞争的动态情境与高管人员胜任力

企业成长具有阶段性和生命周期性，这点已被广泛认可。企业成长不同阶段，企业自身经营情境和组织情境有很大的不同。就经营情境而言，在企业成长的一个完整周期中（从创业到蜕变或二次创业），企业的生产技术、企业的融资需求与能力、技术创新与转化、供应链管理、企业市场竞争、企业成本控制、企业资本运作、企业渠道运作、品牌策划、客户管理等经营价值链各个环节存在巨大差异，每个阶段需要解决的经营重点问题不同。因而，所需要用的高管人员胜任力的结构和力度必然存在差异。比如，创业阶段的企业，面对的重点问题是创业机会的转化、产品入市与渠道开拓、资金的短缺、成本控制等，这就要求高管人员具备超人的机会识别能力、敢于冒险的创业（投资）精神、资源整合和公关能力、有限资源的灵活配置能力、坚持忍耐的自制力等。但当企业成为有规模、有稳定获利能力和品牌知名度的大企业时，企业面对的重点问题则不再是创业机会的把握、资金短缺、产品市场开拓等问题，而是市场占有率和控制力、品牌竞争力、技术创新、资本运作、多元化的机会与风险、管理成本控制等，这就要求高管人员具备高超的战略经营眼界（Vision）、资本运营能力、市场管控能力、资源配置能力、创新的识别和投入能力、外部关系的协调能力等。高管人员必须能够识别到企业成长演化的情境变化，而改变调整自身经营管理知识、技能和风格，才能获得与此相匹配的胜任力。企业成长与竞争的动态情境与高管人员胜任力的分析，我们作为本书研究重点将在下一章专门探索。

2. 企业的组织情境与高管人员胜任力

美国的情境管理专家拉比尔·S. 巴塞就组织情境与管理者关系指出，管理

---

① Colombo M. G. and Grilli L. Founders' Human Capital and the Growth of new Technology - based Firms: A Competence Based View [J]. Research Policy, 2005, 34 (6): 795 - 816.

② Lerner M., Almor T. Relationships Among Strategic Capabilities and the Performance of Women - owned Small Ventures [J]. Journal of Small Business Management, 2002, 40 (2): 109 - 125.

者应正确地评价每种情境的特定要求，并由此确定合适的行动。只有当行动和现行情境相一致时才能有效地管理。故而，一个有效的管理者必须要实施情境管理。[①] 所有成功的领导者都是在特定的工作情境下，根据现实情况（工作情境变量因素）选择性地发挥胜任特征能力，并在工作情境的依托下获得卓越绩效。就高管人员胜任力的研究和实践而言，只有建立一种具有情境依赖性的结构性胜任力模型，才能有效预测高管人员的胜任力。这里的组织情境至少包括三个层次：社会文化与市场情境、制度与结构情境、组织文化情境等，狭义上的组织情境主要是指后两者。在此，我们主要分析制度与结构情境、组织文化情境与高管人员胜任力的关系。

制度与结构情境主要是指高管人员所在企业较稳定存在的，以控制性为主的制度和架构，如高管岗位的工作制度流程、企业的体制、企业的组织结构、部门协调沟通制度管道、领导分工、行政流程制度、福利待遇制度等。在不同的制度结构情境下工作的高管人员，要取得优秀业绩的条件和难度相差很大，因而，胜任力的要素和力度会存在较大差别。这一点在国内的研究中已经有所证实。例如，通过比较仲理峰、时勘（2003）的家族式企业高层胜任力和柯翔、程德俊（2006）的国有企业高管胜任力的研究结果可以知道：民企高管更强调捕捉机遇、主动性、自主学习等胜任力，而国企高管更突出追求成就、人际洞察、组织决策等胜任力。李茜、张健君（2010）有关制度前因与高管特点的研究证实政府主导的制度下的企业其高管政治资本能力要强于市场主导下的企业高管，而后者的产出型工作能力要强于前者。

组织文化情境主要是指企业的价值导向、工作氛围、人际关系、领导风格（文化）、激励等文化和组织气候。高管人员既是组织文化的主导者，也是组织文化的先行者和变革者。公司组织文化限定或扩展了高管人员领导行为的影响力空间。高管的职能类型依其所处组织的层次而定，执行的方式则取决于组织文化，两者一起决定特定的职位角色的要求和情境。为了取得有效的管理业绩，不同组织情境对不同职位角色的要求及管理者的个人能力和禀性特征应配合默

① 拉比尔·S. 巴塞. 情境管理：全球新视角［M］. 石晓军，刘宇，李恒金译. 北京：机械工业出版社，2000：4.

契。[①] 任何高管人员只有建立和发挥适合企业组织文化的胜任力，才能提高领导活动的执行力和影响力，获得优异的业绩。杜丙治（2010）通过建立企业文化—胜任力模型—绩效模型，并通过对制造行业营销经理胜任力实证调查证实，人际导向文化下的经理胜任力能够获得优异的成长性绩效和盈利业绩（见图3-2）。

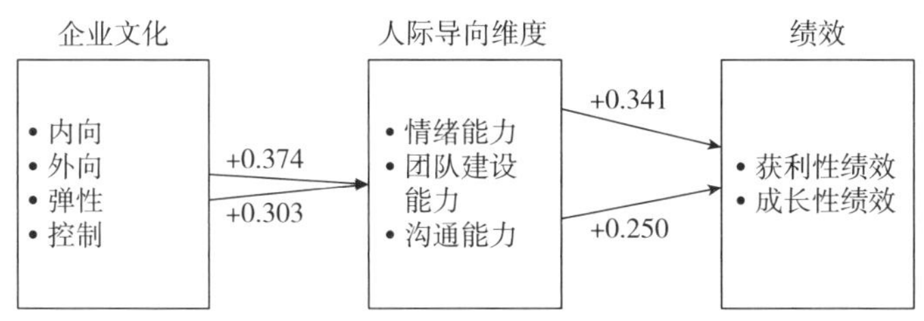

图3-2 企业文化、人际导向维度与绩效关系

资料来源：杜丙治．企业文化、胜任力与绩效关系研究——以制造业营销经理为例［D］．重庆大学硕士学位论文，2010：51-53.

3. 高管及其团队的自组织情境演化与高管人员胜任力

胜任力研究者在研究管理者胜任力时，希望能找到具有广泛适应性的、解释力的胜任力来提高管理和绩效水平。当研究者在对管理者的胜任力进行这种“格式化”、模式化和“标签化”的探索研究时，他们往往容易忽视或者顾及不到由于管理者本身的能动性、自学习性、交互作用等可变因子引起的胜任力的自组织演化特征。具体而言：其一，高管人员及其团队（Top Management Team，TMT）个体本身具有改变或转换胜任力的动力诱因，从而使胜任力发生演化。在高管人员职场生活中，个体职业生涯目标追求、个体工作经历、组织和岗位目标压力、工作情境中自学习能力构成了个体的自组织情境，这种自组织情境在潜移默化地持续推动高管人员或是主动有意识或是被动无意识地进行胜任力结构的改变和转换。从一定意义上来说，高管人员胜任力的提升，和高管人员自身对自组织情境的识别、开发的主动性和有效性是分不开的。换句话来说，高管人员的个体自组织情境的利用能力，本身就可以作为高管人员胜任力的一个指标。其二，企业高

① 拉比尔·S. 巴塞．情境管理：全球新视角［M］．石晓军，刘宇，李恒金译．北京：机械工业出版社，2000：14.

管人员所形成的团队氛围也会自发或自觉地影响高管胜任力的特征。高管人员之间的隐形竞争、合作经历、互动关系、协调方式等团队组织状态将影响高管人员的胜任力的成长和效用发挥。例如，存在明显互相竞争氛围的高管团队，将强化高管人员的学习转化能力、管理效率意识、信息搜寻和保护能力、高成就动机等胜任力特征；而形成和谐关系的高管团队则容易强化自我控制、合作共赢、让利牺牲、仁慈关怀等胜任力特征。

第四章　高管胜任力与企业成长情境适配性：理论分析

无论是关注管理者胜任力研究的学者还是致力于研究企业家群体的学者，都越来越关注高层管理者尤其是企业家在企业发展不同阶段或者企业处于复杂发展与竞争情境中，他们是否仍然能够带领他们的团队创造或保持竞争力，或者带领企业平安脱险而持续成长。近年来，从这种动态情境视角开展高层管理人员胜任力的研究，越来越成为一种趋势。

在探索企业成长情境与高管胜任力关系的理论分析时，我们先分离高管人员的任职岗位、任职行业、企业所有制、任职公司实力等具体单位背景因素，这样可以更加专注地探讨高管人员在任一企业的一个完整的动态成长周期内面对不同成长阶段任务情境的不同，他们的胜任力结构应当做出怎样的演化，来获得与企业成长情境目标的匹配。除了高管胜任力的能力和品质外，高管背景是否能够帮助他更好地胜任企业不同成长情境?

对本书涉及的企业成长情境，即企业生命周期的划分，许多学者都提出了各自的划分方法，本书参照 Adizes（1989）的企业生命周期理论，采纳多数学者对生命周期的简明划分方法，将企业生命周期概括为创业生存阶段、业务规模快速成长阶段、稳定有实力的成熟阶段和衰弱危机阶段，每个阶段高管人员要面临不同的经营环境，要根据各阶段不同的特征和影响因素权变性地选择解决问题的方法和策略。

一、创业生存阶段的任务情境与高管人员胜任力分析

创业生存阶段，无疑就是一个新企业注册成立，并开展业务获取现金流以维持运转，并试图获得发展能力的阶段。初创企业无论是社会创业企业还是公司创业企业，在其发展的初始阶段都属于商业模式不成熟、产品相对单一甚至质量不稳定、业务市场狭小、组织简单管理粗放的企业雏形阶段。任何经营的不慎，都有可能直接威胁到企业的生存，直接使企业进入衰退期。这个阶段的企业基本上属于“企业家型”企业，创业者就是公司的高层管理者，其实也多是一线业务的经营者和开拓者，他们依靠冒险精神、探索学习和资源整合能力来解决企业创业生存的各种问题。这个阶段的企业其成长的核心任务情境主要有：

（1）机会开发，并快速转化为有价值的商业输出

具有胆识、想象力和异质性知识的企业家拥有独特的警觉性，容易发现市场中存在的机会，他们或是通过扩大生产供应，或是通过套利等活动来利用市场机会，使资源得到更好的配置。① 发现商业机会，并能够迅速地将商业机会转化为一个可重复盈利的商业模式，并获取商业价值，是这一阶段的核心问题之一。

（2）整合资源，解决企业运营问题

这是一个同时涉及业务开展和组织管理的主干性问题。企业的成长是通过对资源的优化和能力获取而实现的，但对于任何新创企业而言这两个方面都是不完备的，并且是有明显缺陷的。获取有限资源，创造性地开发有限资源，组织好供产销的全流程管理，是这一阶段企业生存的又一个挑战。

（3）开拓客户，打开销售市场，获取现金流

“市场为先，销售为王”，几乎是所有创业企业闯过生存期必须遵守的丛林法则。创业企业无论是在产品的特性、产品的认同度、公司的认知度，还是在获

① 方世建，秦正云．创业过程中的企业家机会发现研究［J］．外国经济与管理，2006，28（12）：18－24.

得订单的成本方面几乎都处于弱势地位。如何打开市场，赢得消费者的认可，获得重复购买和订单，解决企业的“流转生命线”，是这一阶段又一核心任务。

根据对创业生存阶段核心任务情境的分析，企业初创期的高管人员必须具有能够解决企业生存发展的三大瓶颈的胜任力，而与此对应的高管人员的通用性胜任力和鉴别性胜任力至少包括六个方面（见表4-1）。

表4-1　创业生存情境中的高管人员胜任力结构

胜任力类型		具体内涵
通用性胜任力	机遇能力	通过各种手段捕捉和创造市场机会的能力
	风险能力	承担风险和不确定性的能力
	资源整合能力	善于开发和利用公司内外部资源促进成长的能力
	市场操作能力	有效地打开销售渠道，赢得客户和订单的能力
	组织能力	组织内外部资源、协调公司经营管理的能力
	学习能力	主动学习并创新性思维的能力
鉴别性胜任力	概念性思维能力	决策判断、把握市场信息的能力
	特质动机	冒险精神、自信、适应、忍耐力

机遇能力、风险能力、资源整合能力和市场操作能力是在企业初创期要求高管具备的通用性胜任力类型，这四种能力属于竞争力范畴，能够使企业捕捉市场机遇，结合自身的内部资源，构建一个内外部和谐的运营环境，在企业创业初期为企业找到正确的发展方向，进而立足市场得到长远发展。学习能力和组织能力是执行力和战术活动范畴的能力类型，能够帮助企业主体获取、分析内外部信息，合理配置企业资源，沿着既定的战略路线实现经营目标。高管人员的冒险精神、自信、适应力和忍耐力这些鉴别性胜任力，是帮助克服创业发展的过程困境，促进企业向更高阶段安全平稳过渡的积极心理资本。创业企业失败率高的表象是企业缺乏资源不能维持运营，或者商业模式不成功，但这表象背后主要还是高管人员的企业家精神品质的存量不足导致。

二、快速成长阶段任务情境与高管胜任力

经过创业生存阶段的摸索之后，随着企业产品和服务逐渐被市场认可，企业生产工艺和流程逐步稳定，产供销运作相对成熟，客户和渠道网络日益拓展，产生了一批销售能手。这时的创业企业已经在局部市场形成一定竞争力，其产销量将有一个突破性成长过程，企业的资本周转率和库存周期不断缩短，企业现金流量和资本存量不断累积。这个阶段企业普遍存在扩大生产规模、建立营销网络、大量招聘员工、扩大市场占有率、品牌营销投入等快速成长活动，前途一片光明。然而，许多企业恰恰就是在这个“腾飞阶段”，不慎“折戟沉沙”，我国企业的寿命一般停留在5~6年，基本上处于一个刚刚进入快速成长通道的成长阶段。这其中的原因是多方面的，但是企业家和经营者不能适应和胜任快速任务情境的需要，做出符合企业快速成长规律的胜任力调整，是其中的核心要害之一。快速成长阶段的企业是个看上去“很美”但最不稳定的企业，这个阶段企业的任务情境主要有：

（1）整合企业资源，建立竞争优势

创业企业一旦在一个局部市场获得盈利并小有名气，它很快会进入同行企业包括大企业的“竞争名单”，如果不能够做出自己的企业战略发展规划和应对竞争的经营战略，它很快便会被对手尤其是大企业挤垮。因此，一旦进入快速发展阶段，企业应当围绕未来五年发展选择优势业务，建立经营战略，整合资源打造独特竞争力。

（2）减少经验管理，落实科学管理，实施制度规范与流程管控

企业快速成长，整个组织的内外部环境日益复杂化，高管人员的管理幅度过大，企业例外事件和人治管理导致企业的冲突内耗加剧，冲突不断，这些都将导致企业发生内部组织功能紊乱成为破坏企业快速发展的条件和机遇。因此，如何处理好“发展与稳定”的关系是这个阶段高管面对的难题之一。

（3）高效客户运作和管理

这个阶段企业已经初步建立了专有的客户脉络，为了保证企业的经营业绩，

本阶段要建立系统的客户运作和管理流程，在保持现有客户的基础上开发新的客户。

（4）关键人才的引进和保留

企业之间的竞争是人才的竞争，尤其在业务规模快速发展的阶段，企业的经营业绩在很大程度上受到人才的影响，企业应该树立正确的人才引进机制，并设法将人才长期保留在企业中。

根据企业快速成长阶段的主要任务情境，处于这一阶段企业的高管人员应当具有“促发展、稳队伍”的胜任力特征，而与此相适应的高管通用性胜任力和鉴别性胜任力如表4－2所示。

表4－2　快速成长期的高管胜任力结构

胜任力类型		具体内涵
通用性胜任力	经营规划能力	能够确立公司至少未来五年竞争力的规划
	规范管理能力	组建高效组织结构、工作流程和专业化的高层管理团队的能力
	组织沟通能力	高效和谐地协调各种关系，保持渠道沟通的畅通性和企业运转效率
	目标执行能力	能够设定高成长目标，并保持对目标执行的监督控制力
	营造外部关系能力	设定企业为客户服务规则，积极与利益相关者互动
	知人善任能力	有明确而有吸引力的“相马”“赛马”办法
鉴别性胜任力	概念思维能力	理性分析、战略决策、远见、总结提炼
	特质动机	非权力性影响力、自信、自控力、表率

资料来源：笔者自制。

在通用性胜任力中，经营规划能力和规范管理能力对快速成长企业的高管人员尤为重要，前者是事关企业从创业企业走向有竞争力的大企业的关键能力，即通过理性思考和分析，作出战略决策，规划打造核心经营能力的战略；后者则是引领并控制这个阶段的企业不因为规模扩大快速发展而变得野蛮生长，功能紊乱。在快速成长中，高管人员的组织沟通能力、目标执行能力和知人善任能力，都是保持企业健康发展、稳定发展所必需的能力。“营造外部关系能力”主要是着眼于处理好业务快速发展所带来的客户服务速度、数量、需求的增加和复杂化，并通过积极与外部利益相关者互动赢得声誉和扩展资源。在这阶段，鉴别性胜任力中“概念思维能力”对企业的未来是里程碑式发展还是昙花一现式发展尤为重要，许多企业因为企业家概念性思维层次与宽度不足，导致企业无法建立长期的核心能力。当然，比上述这些更为重要的是高管人员的“特质动机”，企业不断做大做强，充足的现金流和不断增加的订单，让许多高管内心容易变得自大膨胀、失去客观评价自己和企业的能力，并且可以随意收放自己定下的规则。这些都不是一个优秀的高管和企业家所应该熏染的，快速成长的企业能够成为稳定发展的大企业，其高管人员一定有很强的自控力、表率示范行动、坚定的制度执行力。

三、稳定有实力的成熟阶段与高管胜任力

这一阶段是指企业经过一段时间的发展之后达到的较辉煌的时期，在这个阶段企业的经营量和利润率都达到最高水平，企业一定或者较强的对市场的占有率、影响力，成为行业中或区域中有影响力或者标杆性企业，品牌和知名度随之而言。从企业内部来看，企业的经营流程和管理制度已趋于标准化，整体来说这个阶段企业的管理已步入专业化阶段，建立较为庞大的组织结构和经理人队伍，高管人员分工明确，各司其职，采用分权和授权来组织企业的各项互动，逐步形成一个功能完善、系统化、制度化的科层制组织结构。这样一个庞大严整的企业组织对外界具有相当强的“抗风险”“抗冲击”能力，但随着时间的推移，企业的灵活性逐渐式微，企业的生产经营和创新过程受到约束，容易滋生官僚作风，业务跨度和经营规模也有萎缩趋势，外部竞争环境越来越激烈，而此时企业经营最大的危机就是很难维系持续的成长性。这个阶段企业的任务环境主要包括：

（1）战略运营，保持和扩大竞争力与领先优势

这个阶段的企业已经积累了相当丰富的经营资源，形成了属于自己的核心能力和竞争优势，具备了强大的组织资本和货币资本。如何利用这些资源和资本，建立有序发展的中长期规划，选择有利于增强公司战略竞争优势的领域、项目，进行多元化经营，构成公司发展的战略任务情境。

（2）文化引领，组织优化

通过创业和快速成长，公司拥有了足够多的经营故事、传奇英雄、管理范

例、经营之道，公司上下形成了自己的组织习惯——这种习惯有好的习惯，如日事日毕的工作习惯、事半功倍的效率习惯，也可能有不良的组织习惯，如部门本位主义、急功近利的习惯。由于组织机构和层次比较复杂，造成工作效率低下，信息不畅，内部冲突不断。这些需要通过企业文化建设重新梳理企业成长的轨迹，梳理公司的组织关系，融化员工自我保护的“心理坚冰”，从而建立员工和组织双赢的组织习惯，并优化组织结构。

(3) 加强研发创新力度，创新核心能力

为了保持企业的持续竞争力，企业要不断地进行产品创新和品牌营造，加大研发投资，在保有核心技术的前提下提高自身的核心竞争力。企业之间的竞争内在地表现为人才的竞争和技术能力的竞争，只有不断地加大研发投入，进行核心技术的创新，获得创新成果，并转化为商业应用，企业才能创造和维持行业的竞争优势，促进企业健康成长。如何刺激创新能力、提高创新效能、促进创新转化、实现创新价值，就是这一阶段企业发展的重大关切问题。

(4) 品牌经营，实现全方位的企业价值

当品牌成为企业在长期经营活动过程中投入大量精力培育起来的一种信誉时，它为企业带来的利益是巨大的。而品牌经营就是商品或服务品牌的创立、维护与管理，以品牌为资本，通过并购、联合等手段达到外壮规模、内增效益、迅速发展的目的，使企业获得较大的收益和市场的拓展。在市场竞争日趋激烈的经济环境中，绝大多数企业的营销阻力加大，利润普遍降低，商品的平均生命周期缩短，新产品的市场导入频繁，拥有知名品牌的企业会越来越重视现有品牌的优势。企业如何建立和提高企业的知名度、美誉度和忠诚度，也是这个阶段企业的重要任务情境。

根据企业成熟阶段的主要任务情境，处于这一阶段企业的高管人员与此相适应的高管通用性胜任力和鉴别性胜任力如表 4－3 所示。

表 4－3　企业成熟期的高管胜任力结构

胜任力类型		具体内涵
通用性胜任力	战略规划能力	根据战略导向应对不同经营领域事务，保持和增强公司核心竞争力
	文化建设能力	能有效启动和推行公司企业文化，打造公司全员“一体化”的能力

续表

胜任力类型		具体内涵
通用性胜任力	组织沟通能力	高效和谐地协调各种关系，保持渠道沟通的畅通性和企业运转效率
	研发创新能力	能够高效刺激创新，提高创新效能，快速实现创新的商业价值的能力
	整合配置资源能力	能高效识别各种存量资源的新价值，有效引入新的经营资源，并进行组合创新的能力
鉴别性胜任力	概念思维能力	理性分析、战略决策、统筹安排、远见
	特质动机	敬业精神、自律自控、管理角色感、亲和人本

资料来源：笔者自制。

这一阶段，企业的经营和管理相对稳定，企业高管人员的胜任力在于如何稳定高效地激发组织活力和有效提高公司战略竞争力两个方面。前者主要考察高管人员的文化建设能力、组织沟通能力和研发创新能力。能够使公司员工具有高度的荣誉感和凝聚力，成为组织公民，兑现组织承诺，使公司创新活动活跃，创新成果保持高速和高成功率的转化，这样的高管人员便是具备这三项胜任力的企业家。后者则是重点考察高管人员挖掘公司经营资源潜力，和应对公司未来竞争的胜任力。能使公司资源处于有序高效运转，连续保持和增强公司在行业和区域影响力的高管，就是具有经营胜任力的高管。当然，要取得优秀的经营业绩，高管必须具有良好的理性思维、战略决策、统筹安排和远见力。要保持公司的一体化感，企业家也应具有敬业精神、自律自控、管理角色感、亲和人本的领导特质。

四、衰弱危机阶段与高管胜任力

当一家在行业或区域有竞争力和强大实力的公司，竞争力排名持续衰退、企业主营业务营收增长率持续衰退甚至连续出现负增长、企业核心能力无法再有效复制成功时，那也就意味这家企业进入了衰退老化的通道。企业由此进入了转型嬗变的过程中，企业经营机制逐步退化、运作机制趋于繁琐，创新机制趋于贫乏，内部冲突不断加剧，继续执行原有的经营模式和管理套路会使企业陷入更大的困境。因此，需要进行组织再造和二次创新，通过拆分、调整、重组或兼并、创新和变革，应对生命老化或衰退，通过重建品牌、重塑市场或创新客户增强企业影响力或促使企业获得新生的过程。这一阶段企业主要的任务情境包括：

（1）有效的战略转型，打破固有的经营管理模式

企业进入衰退期，从经营角度而言，主要是企业技术和商业模式不再具有竞争力，并且已经成为创新的路障，企业的产品处于产品生命周期的末端，替代性产品正在将这些“过时”产品挤出市场。因此，如何走出“路径依赖”的困境，变革旧的生产和运营模式，设定新的经营模式，产业创新或进入新的产业领域，成为这一阶段的根本任务。

（2）危机公关，保持生存

处于衰退阶段的公司往往也是“祸不单行”的公司，公司经营业绩持续衰退甚至负增长，财务状况恶化，债权人要求尽快偿还债务，外部融资通道堵死，上游供应商停止供货，下游经销商停止下单，关键员工离职等一股“多米诺骨牌”效应应声而来。企业如何面对危机，妥善应对突发事件，安度危机，维持生存，为企业转型和振兴争取时间，保留核心资源和物质基础，就是摆在这一阶段的首要任务。

（3）资源整合，聚焦创新

尽管企业发展处于衰退阶段，但是企业前期发展积累了大量的有形和无形资产（比如技术条件、品牌价值、生产力量、研发或生产装备、经营哲学），如果能够找到新的经营切入点，围绕企业技术、产品、经营模式、市场运作的创新，进行资源优化整合，剥离负资产，激活存量资源，适度引入新的资源，企业就能够摆脱僵化而持续成长或使企业扭转颓势而蜕变重生。如何进行资源整合，聚焦和实现创新，是企业二次创业的关键。

（4）精兵简政，留住核心人才，加强成本控制

显然，处于衰退危机阶段的企业，业绩下滑，但组织结构依然膨大，运营成本甚至处于更高的水平，其中的核心人才离职意向和离职率都处于高发状态。如何进行组织结构的变革，精简机构，促进人员合理流动，同时降低运营成本，这是处于衰退阶段企业面临的又一大难题。

根据企业衰退危机阶段的主要任务情境，处于这一阶段企业的高管人员与此

相适应的高管通用性胜任力和鉴别性胜任力如表4－4所示。

表4－4　企业衰退危机阶段的高管胜任力类型

胜任力类型		具体内涵
通用性胜任力	经营规划能力	重新思考公司未来，并引领公司振兴的战略经营能力
	改革创新能力	敢于并善于启动公司的组织改变与创新，并获得成功
	组织沟通能力	高效和谐地协调各种关系，保持渠道沟通的畅通性和企业运转效率
	危机协调能力	能够巧妙应对各种经营管理危机，协调复杂关系的能力
	整合配置资源能力	能高效识别各种存量资源的新价值，有效引入新的经营资源，并进行组合创新的能力
鉴别性胜任力	概念思维能力	理性分析、战略决策、统筹安排、远见
	特质动机	机会洞察力、风险承受力、自控力、应变、自信

资料来源：笔者自制。

在表4－4中，经营规划能力和整合配置资源能力，注重考察高管人员破解衰退企业走出衰退，实现振兴方面的优秀潜质和优秀表现。危机协调能力和组织沟通能力则是观测在复杂严峻的经营困境和人事迷局中，高管人员如何帮助企业有效化解矛盾冲突，降低运营成本，保留核心资源和关键人才，并唤起他们的潜能。改革创新能力，则是高管人员实现公司转型发展，摆脱危机的关键，能够破除阻力，付出最小代价，促成公司高管的成长，就是具备改革创新胜任力的高管。这一阶段的高管人员的概念思维能力和上一阶段是一致的，二次创业、复兴企业成长，同样需要良好的理性思维、决策判断、统筹规划和远见力。但在特质动机方面，这一阶段的高管人员个体胜任特征则和创业阶段类似，需要能够把握机会、应对各种变化、承担风险和对前景强烈的自信。

第五章　高管胜任力与企业成长情境适配性：探索性调查

前文我们根据企业成长不同生命周期，企业面临的不同任务情境，对企业高管胜任力结构进行了理论分析。我们虽然吸纳了同行研究的智慧，进行高管胜任力演化推理，然而，企业管理的实践显然要比理论分析和推理复杂得多。我们的理论分析在多大程度上贴近现实高管人员状态，得到管理者的认同，或者在高管胜任力的成长情境演化中是否还有什么重要变量（维度）是我们忽视的？这些问题依靠文献分析和理论推导是不足以“胜任”的。因此，我们尝试对高管人员胜任力与企业成长关系进行探索性调查，使用半开放式和封闭式结合的问卷，对企业管理人员进行调查，探索性检验我们的理论分析，并发现或验证是否还存在新的内生变量对高管人员胜任力与企业成长情境的适配性产生影响。

一、研究设计和探索性检验

首先，我们明确这一次调研的目的。一是希望以企业经理人为对象，通过半开放式问卷，检验我们提出的基于成长情境的高管胜任力结构，与企业经理人理解和认同高管胜任力结构是否存在差异，存在哪些差异，以修正提出的关于高管胜任力的结构要素。二是针对前期访谈和咨询实践许多职业经理提出的关于高管职业背景，会对其能否胜任不同成长情境的经营管理产生显著影响，我们使用封闭问卷方式去发现与（统计）检验是否存在“高管背景胜任力”这一变量。三是 Speecer 将胜任力分为冰层上的通用性胜任力和冰层下的鉴别性胜任力，冰上部分是容易观察和学习的知识技能，冰层下是难以观察和不易改变的人格和习惯。我们想要了解，在企业工作现实情境中，哪一类胜任力对高管人员使用企业成长情境的变迁更为重要。

其次，围绕研究主题和调研目的，我们分四个模块进行问卷设计。

（1）基本信息模块

主要了解受访者的任职岗位、经理工作经验，是否取得优异成绩（我们用“获得重要奖励情况”作为替代变量）。

（2）成长任务情境的识别判定模块

我们尽可能为受访者提供一个非常完备的企业“任务情境”菜单，使受访者获得半开放问卷的回答自由性。

（3）高管胜任力要素识别判定模块

本书没有把高管人员应当要具有的胜任力要素全部堆积在一起，然后让受访者选择，而是参照麦克莱兰、波耶茨和斯宾塞等著名学者关于胜任力结构模型（冰山模型或洋葱圈模型），把高管人员为做出优秀业绩调用和改变自身的胜任力元素分为三个层次：知识技能层，角色品质层，个性动机层。然后将收集到的前人关于企业家和经营者的“胜任力词典”分类放在三个层次框中，并避免重复（但某一种能力和某一种个性品质名称相同，我们不视为重复，例如：把握机会能力和机会洞察力，它们是内在关联，但指涉胜任力结构的不同层面）。

将这三个层次的“胜任力词典”与企业生命周期关联起来，让受访的企业经理人在有充分选择的空间中，去识别企业成长不同阶段高管人员应当强调的胜任力要素。需要指出的是，由于选项太多，而限于时间和人脉资源获得的样本数不可能会太大，有可能会给问卷的信度和效度提出挑战。我们决定在统计分析前做数据整理，剔除未被选择和选择率排名靠后的选项。

（4）高管背景与高管胜任力的适配性模块

这部分通过 11 个封闭式问题，探索高管背景对高管胜任企业成长各阶段经营的影响；判断高管的知识技能胜任力和人格品质胜任力对企业成长情境适应的差别。

二、数据收集和样本分析

问卷选择研究者的亲友作为调研员，利用他们的企业工作人脉资源获得调研样本，共向超过18家企业（其中天津4家、山东8家、沈阳3家、广东4家）的经理级人员发放问卷150多份（包括电子版和打印版）。需要说明的是，最适合回答此问卷的对象应该是企业的高管人员，但限于样本的群体特殊性和调研的难度，我们将调研对象集中在高管人员、与高管人员密切联系的中层经理，还有部分基层经理（样本分布见表5－1和表5－2）。问卷调查持续近两个月的时间，最后回收问卷123份，其中有效问卷121份，回收率为82%，有效回收率80.7%，符合问卷调查的基本要求。

表5－1　受访样本总体信息

		职务等级	职务年段	任职部门	产权性质	教育背景	获奖情况
样本量	有效样本	121	119	121	121	121	120
	缺失值	0	2	0	0	0	1
均值		1.86	2.09	2.25	2.63	1.97	1.87
众数		2	3	1	2	2	1
标准差		0.756	0.854	1.273	1.324	0.741	0.788

资料来源：笔者自制。

表5－2　受访经理人职业背景分布　单位：%

<table>
<tr><th>项目</th><th>维度</th><th>百分数</th><th>项目</th><th>维度</th><th>百分数</th><th>项目</th><th>维度</th><th>百分数</th></tr>
<tr><td rowspan="4">获奖情况</td><td>暂时没有</td><td>38.3</td><td rowspan="4">岗位等级</td><td>高层管理</td><td>36.4</td><td rowspan="4">经理级
经验值</td><td>1～2年</td><td>31.9</td></tr>
<tr><td>有过1～2次</td><td>36.7</td><td>中管管理</td><td>41.3</td><td>3～5年</td><td>26.9</td></tr>
<tr><td>多次获得</td><td>25.0</td><td>基层管理</td><td>22.3</td><td>6年以上</td><td>41.2</td></tr>
<tr><td>合计</td><td>100.0</td><td></td><td></td><td></td><td></td></tr>
<tr><td colspan="2">有效样本数</td><td>120</td><td colspan="3">121</td><td colspan="2"></td><td>119</td></tr>
</table>

资料来源：笔者自制。

（一）样本统计描述

本次调查受访样本中（样本数121个），来自国有企业的经理的比例为25.6%，民营（家族和集体）所有制企业的经理比例为42.9%，外商独资企业的经理比例为22.3%，混合所有制企业的经理比例为9.1%。受访样本中中层经理比重最大（41.3%），其次是高层经理（36.4%），比较贴近研究设计的样本结构要求。受访经理的担任经理级岗位的年限总体超过5.28年，说明他们工作经验比较丰富，比较适合作为我们的受访对象。受访经理中，超过60%的人获得过单位给予个人或部门的“重要奖励”，其中更有25.0%的经理人多次获得，说明样本中有不少经理人能够很好地胜任他们过去乃至现在的管理工作。

（二）问卷信度和效度分析

本问卷主要使用分类变量对企业成长各阶段胜任力要素进行调查，还有八个测查高管背景因素与企业生命周期项目使用了等级变量做调查，在这种情况下，我们预先估计问卷总体信度不会太高，能够接近0.7，符合问卷设计信度基本要求。本书的信度检验采用的是“Cronbach's α”系数检验方法，使用Alpha算法做信度运算，得到24个项目的整体信度系数为0.68014，调整后的标准化信度值为0.7381，符合调查问卷的信度设计要求。

问卷的效度检测，我们使用因素分析法，考察问卷结构合理性和问卷各项目对变异的总体解释程度。KMO等于0.684基本符合因素分析的要求，Bartlett球形检验值为1137.933，显著性水平为0.000（df=903），说明变量之间有相互关联性，可以做进一步分离处理。进一步观察公因子分析的方差提取比（见表5-3），我们发现除了有2项提取值低于0.7以外，大多数提取值在0.8以上，说明问卷项目的结构比较合理。主成分统计提取特征根大于1的因子（见表5-4），得到用9个因子能够解释整个变异的85.451%，由此说明问卷的结构效度能较好地满足研究需要。

表5-3 公因子方差提取情况

题项	初始值	提取值
创业任务环境	1.000	0.983
快速成长任务环境	1.000	0.871
稳定任务环境	1.000	0.928
衰退危机任务环境	1.000	0.673
创业高管能力	1.000	0.881
快速高管能力	1.000	0.742

续表

题项	初始值	提取值
稳定高管能力	1. 000	0. 936
衰退高管能力	1. 000	0. 955
创业高管个性	1. 000	0. 888
快速高管个性	1. 000	0. 921
稳定高管个性	1. 000	0. 653
衰退高管个性	1. 000	0. 726
创业高管品质角色	1. 000	0. 762
快速高管品质角色	1. 000	0. 910
稳定高管品质角色	1. 000	0. 865
衰退高管品质角色	1. 000	0. 808
创业经历高管胜任企业成长	1. 000	0. 912
任职行业多胜任企业成长	1. 000	0. 815
大企业高管经历胜任企业成长	1. 000	0. 836
任职企业数量胜任企业成长	1. 000	0. 896
高管免职因知识能力	1. 000	0. 912
高管经历长胜任企业成长	1. 000	0. 973
高管在同一家胜任各阶段发展极少	1. 000	0. 876
企业困境从内部更换比外部效果好	1. 000	0. 808

注：提取方法为主成分分析法。

资料来源：笔者自制。

表 5－4 主成分列表

因子	原始特征根			旋转后因子载荷		
	特征根	方差百分比	累计百分比	特征根	方差百分比	累计百分比
1	4. 746	17. 577	17. 577	3. 303	12. 233	12. 233
2	3. 526	13. 061	30. 638	2. 995	11. 093	23. 326
3	3. 081	11. 410	42. 048	2. 748	10. 176	33. 503
4	2. 780	10. 295	52. 342	2. 737	10. 136	43. 639
5	2. 404	8. 904	61. 246	2. 658	9. 844	53. 483
6	2. 080	7. 704	68. 950	2. 361	8. 743	62. 226
7	1. 948	7. 216	76. 166	2. 350	8. 705	70. 931

续表

因子	原始特征根			旋转后因子载荷		
	特征根	方差百分比	累计百分比	特征根	方差百分比	累计百分比
8	1.341	4.967	81.133	2.188	8.102	79.033
9	1.166	4.318	85.451	1.733	6.418	85.451
10	0.928	3.438	88.889			
11	0.704	2.609	91.497			
12	0.640	2.369	93.867			
13	0.610	2.258	96.124			
14	0.509	1.884	98.008			
15	0.373	1.380	99.388			
16	0.165	0.612	100.000			
17	4.851E-16	1.797E-15	100.000			
18	4.800E-16	1.778E-15	100.000			
19	3.093E-16	1.146E-15	100.000			
20	2.690E-16	9.964E-16	100.000			
21	1.182E-16	4.380E-16	100.000			
22	7.736E-17	2.865E-16	100.000			
23	-9.714E-18	-3.598E-17	100.000			
24	-8.350E-17	-3.093E-16	100.000			

资料来源：笔者设计。

三、统计结果分析

在给出统计结果之前，我们先对统计分析的思路做出说明。作为探索性调查，我们对企业成长各阶段高管胜任力的要素都采用了半结构式的问卷，这为接下来的统计分析带了不少的困难。由于选项太多，受访者随机和自由选择的空间太大，这有可能导致数据比较离散，加之样本量总体不大（121），许多多元统计分析方法使用不上。当然，作为探索性调查，更多的是发现管理现象“量与质”，确定现象之间的联系，检验管理现象和管理知识之间异质性与一致性。我们首先剔除大部分的边缘选项，增强数据的集中趋势，提高问卷的信度。其次按照“金无足赤，人无完人”和核心能力思想，本书将每个问题回答百分数最高的3～4个项目作为高管胜任力的关键要素，并引入职务等级、获奖情况、经理年限等重要的受访自变量，使用均值比较T检验、F检验、卡方分布、相关检验等统计方法对统计数据进行分析。针对最后11个变量我们还将进一步做因素分析。

（一）关于企业成长各阶段任务情境

企业成长各个阶段其成长任务目标和需要面对的内外部问题，应该存在差异，但彼此之间也应有重合的部分。我们将所有检索到有关企业成长任务情境的短语表述做了精炼筛选，最后形成了如表5－5所示的21条。

表5－5　企业任务环境选项列表

1. 创业机会把握与转化	2. 寻找资源解决生存难题	3. 制度规范与流程梳理
4. 产品打开销售市场	5. 追求市场扩张和占有率	6. 高效客户运作与管理
7. 稳定生产，质量可靠	8. 追求成本控制	9. 研发创新，保有核心技术
10. 关键人才全面引入或保留	11. 产权结构治理	12. 组织、人员和领导的变革与治理
13. 整合资源建立竞争优势	14. 品牌塑造与推广	15. 有效的战略规划，或战略转移调整
16. 企业外部关系的营造	17. 危机公关稳定业务	18. 企业文化建设，或文化变革创新
19. 资本与融资运作	20. 多元化或产业链扩张	21. 产品或产业变革与创新

资料来源：笔者自制。

我们使用频数统计分析方法，对样本数据进行分析得到如表5－6所示的结果。

表5－6　企业成长各阶段主导型任务情境

成长阶段	任务情境排序	有效样本	缺失值比例（%）
创业生存阶段	创业机会把握与转化54.9%；产品打开销售市场23.0%；寻找资源解决生存难题22.1%	113	6.6
快速成长阶段	稳定生产，质量可靠21.6%；高效客户运作与管理20.7%；关键人才全面引入或保留17.1%	111	8.3

续表

成长阶段	任务情境排序	有效样本	缺失值比例（%）
稳定发展阶段	研发创新，保有核心技术 22.5%；品牌塑造与推广 18.6%；关键人才全面引入或保留 17.6%；稳定生产，质量可靠 14.7%	102	15.7
衰退危机阶段	危机公关稳定业务 32.4%；战略转移调整 22.9%；产品或产业变革与创新 21.9%；寻找资源解决生存难题 12.4%	105	13.2

资料来源：笔者自制。

表5－6从总体上给出了受访经理对企业成长各阶段任务情境的判断，除了关注这个总体判断外，我们还想知道受访的高管人员和业绩优秀者的看法是否与其他同行有差异？我们先用相关分析方法整体判断“受访者职业背景”与任务情境判断有无关系。从表5－7相关统计结果来看，经理人的背景与他们对企业成长阶段任务情境判断没有显著的统计相关。换句话说，绝大部分受访者都认可表5－6有关企业成长各阶段任务情境的看法。

表5－7　任务环境判断与经理人背景相关度

		职务等级	职务年段	获奖情况
职务等级	皮尔森相关	1	－0.513（**）	－0.383（**）
	显著性（双尾）	0.000	0.000	0.000
	样本数	121	119	120
职务年段	皮尔森相关	－0.513（**）	1	0.328（**）
	显著性（双尾）	0.000	0.000	0.000
	样本数	119	119	118
获奖情况	皮尔森相关	－0.383（**）	0.328（**）	1
	显著性（双尾）	0.000	0.000	0.000
	样本数	120	118	120
创业生存任务环境	皮尔森相关	－0.006	0.115	－0.031
	显著性（双尾）	0.952	0.229	0.748
	样本数	113	111	112
快速成长任务环境	皮尔森相关	－0.074	0.087	－0.007
	显著性（双尾）	0.441	0.370	0.938
	样本数	111	109	110

续表

		职务等级	职务年段	获奖情况
稳定发展任务环境	皮尔森相关	-0.064	0.098	-0.093
	显著性（双尾）	0.520	0.333	0.353
	样本数	102	100	101
衰退危机任务环境	皮尔森相关	-0.020	0.113	0.033
	显著性（双尾）	0.842	0.254	0.742
	样本数	105	103	104

注：** 表示相关性在 0.01 水平显著（双尾），* 表示相关性在 0.05 水平显著（双尾）。

资料来源：笔者自制。

（二）企业成长各阶段知识技能层面的胜任力

从高管胜任力与企业成长的理论分析可知，企业在不同阶段，高管经理人应当使用不同的胜任知识技能实现企业成长目标。目前，关于管理者胜任力的研究关注最多的就是知识技能层面的胜任力，本书从这些研究成果中筛选了 22 条表述，来了解经理人员的看法：①学历较高；②行业工作经验；③专业技能掌握；④出色的管理岗位经历；⑤市场感知能力；⑥机会分析和把握能力；⑦计划执行能力；⑧财务成本知识；⑨目标管理能力；⑩战略规划能力；⑪授权技巧；⑫冲突管理能力；⑬人际沟通能力；⑭决策判断能力；⑮激励下属能力；⑯团队组织能力；⑰关系协调能力；⑱监督控制能力；⑲文化建设能力；⑳学习创新能力；㉑资源整合能力；㉒信息开发能力。

我们使用频数分布统计方法，对搜集的数据做分类分析，将得分最高的前 3～4 位排列如表 5-8 所示。

表 5-8 企业成长各阶段知识技能层面的胜任力

成长阶段	知识技能排序	有效样本/缺失值	均值/标准差
创业生存阶段	机会分析与把握能力 36.4%；市场感知能力 30.6%；行业工作经验 24.0%	121/0	4.92/2.472

续表

成长阶段	知识技能排序	有效样本/缺失值	均值/标准差
快速成长阶段	计划执行能力28.3%；战略规划能力22.2%；目标管理能力21.2%	99/22	7.34/2.472
稳定发展阶段	资源整合能力31.3%；战略规划能力26%；文化建设能力19.8%	96/25	16.14/4.73
衰退危机阶段	资源整合能力42.4%；决策判断能力22.8%；激励下属能力19.6%；学习创新能力10.1%	92/29	17.41/3.465

资料来源：笔者自制。

我们用“受访者职业背景”变量与知识技能选择做相关分析，发现除了“获奖情况”与“创业高管胜任力”有显著相关外（见表5－9），其他均不显著，说明不论背景如何，大部分经理人对高管人员在企业不同周期知识技能胜任力变化持有一致看法。四个阶段高管人员胜任力结构并不是完全不同，其中“战略规划能力”均被认为是快速成长和稳定发展两个阶段非常重要的高管胜任力，而“资源整合能力”都被视为是稳定发展阶段和衰退危机阶段的首要胜任力。

表5－9　高管人员知识技能胜任力判断与经理人背景相关度

		职务等级	职务年段	获奖情况
职务等级	皮尔森相关	1	－0.513（**）	－0.383（**）
	显著性（双尾）	0.000	0.000	0.000
	样本数	121	119	120
职务年段	皮尔森相关	－0.513（**）	1	0.328（**）
	显著性（双尾）	0.000	0.000	0.000
	样本数	119	119	118
获奖情况	皮尔森相关	－0.383（**）	0.328（**）	1
	显著性（双尾）	0.000	0.000	0.000
	样本数	120	118	120
创业高管胜任力	皮尔森相关	0.070	0.103	0.243（**）
	显著性（双尾）	0.449	0.266	0.007
	样本数	121	119	120

续表

		职务等级	职务年段	获奖情况
快速高管胜任力	皮尔森相关	0.011	0.038	0.054
	显著性（双尾）	0.918	0.714	0.598
	样本数	99	97	98
稳定高管胜任力	皮尔森相关	0.074	-0.066	0.049
	显著性（双尾）	0.476	0.529	0.639
	样本数	96	94	95
衰退高管胜任力	皮尔森相关	-0.059	-0.004	-0.121
	显著性（双尾）	0.577	0.972	0.252
	样本数	92	90	91

注：** 表示相关性在 0.01 水平显著（双尾），* 表示相关性在 0.05 水平显著（双尾）。

资料来源：笔者自制。

从表 5-9 中我们发现，经理人“获奖情况”与创业阶段知识技能胜任力的判断有较高的相关性（R = 0.243，P = 0.01）。在本书中获奖情况是受访经理人现实胜任力的“替代变量”，也就是说优秀经理和一般经理对创业阶段高管知识技能胜任力要素存有差异。使用均值方差检验方法对这一关系作进一步的剖析发现：①“暂时没有获奖”和“获 1~2 次重要奖励”的经理人，对要素判断没有统计差异。②但是前两者与“多次获得重要奖励”的经理人均存在要素判断差异。③用卡方分布检验发现，“获奖情况”并不影响创业阶段高管知识技能胜任力要素构成和排位，只是优秀经理人比一般经理人更加强调对“机会的分析和把握能力”（见表 5-10）。

表 5-10 经理人获奖情况与创业高管知识技能胜任力判断比较

		创业高管知识技能胜任力					合计
		行业经验	专业技能	市场感知能力	机会把握能力	决策判断能力	
暂时没有奖励	数量	11	4	15	16	0	46
	百分比（%）	23.9	8.7	32.6	34.8	0	100
有过 1~2 次奖励	数量	13	2	13	15	1	44
	百分比（%）	29.5	4.5	29.5	34.1	2.3	100

续表

		创业高管知识技能胜任力					合计
		行业经验	专业技能	市场感知能力	机会把握能力	决策判断能力	
多次获得奖励	数量	5	0	9	12	4	30
	百分比（%）	16.7	0.0	30.0	40.0	13.3	100
合计	数量	29	6	37	43	5	120

资料来源：笔者自制。

（三）企业成长各阶段角色品质层面的胜任力

管理就是“理人管事”，妥善处理公司内外错综复杂的人际关系，用自己的人品、做事的风格、助人成事的行动去梳理有利于公司成长和个人职业发展的网络关系，在事务管理过程中把握自己的管理角色，出色地完成各项工作。在企业成长不同阶段，高管人员“理人管事”的问题与重点也是存在明显差异的，在各阶段理人管事需要的角色和品质或许也存在明显差异。我们筛选了15项反映高管人员工作角色与工作品质的表述：①机会洞察力；②管理角色把握；③知人善任；④强烈的责任感；⑤大局观和远见力；⑥整合社会关系；⑦老道的为人处世；⑧非权力性影响力；⑨表率示范；⑩换位思考意识；⑪开放包容；⑫敢于和善于吃亏；⑬人本关怀；⑭专业且规范；⑮有亲和力。

使用描述性统计方法，对经理人就企业生命周期的角色品质的胜任力要素进行分类统计，得到如表5-11所示的统计结果。

表5-11　企业成长各阶段角色品质层面的胜任力

成长阶段	高管角色品质排序	有效样本/缺失值	均值/标准差
创业生存阶段	机会洞察力52.1%；强烈的责任感27.5%；大局观和远见力13.3%	120/1	2.49/1.635
快速成长阶段	大局观和远见力32%；管理角色把握27.2%；知人善任20.4%；表率示范15.5%	103/18	4.2/2.439
稳定发展阶段	大局观和远见力22.3%；人本关怀22.3%；老道的为人处世18.4%；管理角色把握16.5%	103/18	7.76/4.138

续表

成长阶段	高管角色品质排序	有效样本/缺失值	均值/标准差
衰退危机阶段	整合社会关系 25.3%；强烈的责任感 23.2%；换位思考意识 23.2%；机会洞察力 11.1%	99/22	6.19/3.22

资料来源：笔者自制。

从总体情况来看，在运作企业发展方面，“大局观和远见力”几乎是各个阶段高管人员胜任力的必备素质，在快速成长阶段和稳定发展阶段，这一点尤为突出。同时在快速成长阶段和稳定发展阶段，企业走向规范化管理过程中，高管人员把握好自己的管理角色，对于公司内部组织结构的健康发展和组织流程运转都非常关键。我们还注意到“机会洞察力”不只是在创业生存阶段非常重要，在衰退危机阶段，这一点同样是极其优异的，整合社会关系就是为了发现摆脱企业衰退的机遇和条件。我们用“受访者职业背景”变量与角色品质选择做相关分析，结果发现：受访经理人的“获奖情况”与创业高管品质角色判定有关（R = −0.214，P =0.05），而其他背景变量则没有统计相关性，如表 5 − 12 所示。

表 5 − 12　高管人员品质角色胜任力判断与经理人背景相关度

		职务等级	职务年段	获奖情况
职务等级	皮尔森相关	1	−0.513（**）	−0.383（**）
	显著性（双尾）	0.000	0.000	0.000
	样本数	121	119	120
职务年段	皮尔森相关	−0.513（**）	1	0.328（**）
	显著性（双尾）	0.000	0.000	0.000
	样本数	119	119	118
获奖情况	皮尔森相关	−0.383（**）	0.328（**）	1
	显著性（双尾）	0.000	0.000	0.000000
	样本数	120	118	120
创业高管品质角色	皮尔森相关	−0.001	0.142	−0.214（*）
	显著性（双尾）	0.992	0.125	0.019
	样本数	120	118	119

续表

		职务等级	职务年段	获奖情况
快速高管品质角色	皮尔森相关	0.022	0.120	-0.024
	显著性（双尾）	0.822	0.231	0.810
	样本数	103	101	102
稳定高管品质角色	皮尔森相关	-0.130	0.046	-0.016
	显著性（双尾）	0.192	0.648	0.871
	样本数	103	101	102
衰退高管品质角色	皮尔森相关	0.179	0.171	-0.174
	显著性（双尾）	0.076	0.486	0.086
	样本数	99	98	98

注：** 表示相关性在 0.01 水平显著（双尾），* 表示相关性在 0.05 水平显著（双尾）。

资料来源：笔者自制。

使用均值比较的方法分别对这一个背景变量进行检验，结果发现“暂未获奖”的经理人，与获得过奖励的经理人对此创业阶段高管角色品质判断有显著性差异，而“获得 1 ~2 次重要奖励”和“多次获得重要奖励”的经理人对此问题判断则没有显著差异（见表 5 -13）。进一步的卡方分布检验发现，“暂未获奖”经理人将创业高管的“责任感”品质放在首位，而后两者更强调对“机会的洞察力”是这个阶段最重要的品质。

表 5 -13　经理人获奖情况与创业阶段高管品质角色判断的均值比较

获奖情况	是否方差齐性	方差齐性检验		均值 T 检验			
		F 值	显著性	t	df	显著性（双尾）	标准误差
暂时没有 VS 多次获得	方差齐性	0.823	0.367	2.308	73	0.024	0.375
样本数：46/29	方差非齐性			2.335	61.876	0.023	0.371
获得 1 ~2 次 VS 多次获得	方差齐性	0.761	0.386	0.707	71	0.482	0.385
样本数：44/29	方差非齐性			0.718	63.241	0.475	0.379
暂时没有 VS 获得 1 ~2 次	方差齐性	0.007	0.935	1.725	88	0.088	0.344
样本数：46/44	方差非齐性			1.723	87.543	0.088	0.345

注：** 表示相关性在 0.01 水平显著（双尾），* 表示相关性在 0.05 水平显著（双尾）。

资料来源：笔者自制。

（四）企业成长各阶段特质动机层面的胜任力

做企业能否成功，能否持续成功，不但与高管人员的能力和企业的天时地利有关，更与高管人员是否有一颗强大的“企图心”和某种一以贯之的个性特征有关。高管人员的职业动机和个性偏好对企业的健康发展极其关键，在中国这个具有专制集权传统的社会，领导者的个性动机对企业持续发展的影响显得更加突出。我们推测企业成长不同阶段，需要领导者展示的个性和动机可能存在差异。我们整理了一份含有15个词语表述的特质动机层面的胜任力菜单：①自我实现需求；②强烈的结果/任务导向；③高度的关系导向；④良好的自我控制力；⑤风险承受力和冒险意识；⑥极强的自信心；⑦较强的忍耐力；⑧富有激情和感染力；⑨情绪压力调节能力；⑩主动担当意愿；⑪适应多种变化；⑫稳重内敛；⑬自我反省意识与强度；⑭高度的敬业精神；⑮理性思维能力。

使用描述性统计方法，对数据结果进行分类统计得出如表5－14所示的结果。

表5－14　企业成长各阶段特质动机层面的胜任力

成长阶段	特质动机排序	有效样本/缺失值	均值/标准差
创业生存阶段	自我实现需求39.5%；风险承受力和冒险意识22.8%；极强的自信心17.5%；富有激情与感染力12.3%	114/7	3.73/2.598
快速成长阶段	结果/任务导向30.2%；富有激情与感染力28.3%；适应多种变化20.8%	106/15	5.92/3.631
稳定发展阶段	高度的敬业精神26.5%；稳重内敛55.9%；理性思维能力17.6%；高度的关系导向16.7%	102/19	10.66/4.687
衰退危机阶段	自我反省意识与强度34.9%；情绪压力调节能力20.8%；适应多种变化16.0%	106/15	11.1/3.077

资料来源：笔者自制。

从反馈的统计结果来看，企业成长不同阶段对需要匹配高管人员的特质动机几乎迥然不同。创业生存阶段，高管人员即创业者只有具备强烈的自我实现动机和极强的自信心，并敢于冒险，用激情去感染团队成员，才有可能获得创业成功的喜悦。快速成长阶段，高管人员应当启用“结果主义”动机偏好，并继续用激情与感染力激励下属完成目标任务，追求有利结果，同时，也应当适应企业快速成长带来的内外部环境变化。而在企业稳定发展阶段，各部门人员各司其职，业务相对稳定发展，如何正确地“守业”才是考验高管人员的难题。要求高管人员必须具有“守业”的气质，以敬业爱岗的动机，专注分工领域的经营决策，形成沉稳老练的权威感。而一旦企业步入衰退危机阶段，则要求高管人员有“自我反省”的自我保护动机，并能够临危不乱调整好自己的情绪状态，有在复杂冲突情境中随机应变的智慧。我们用“受访者职业背景”变量与特质动机选择做相关分析，结果发现：除了经理人的职务等级影响对创业阶段高管特质动机胜任力选择（R＝0.224，P＝0.017）外，其他自变量因素没有显著性影响。使用卡方分布做进一步检验发现：受访的高管经理人比中层和基层受访者更加突出强调创业阶段企业家要有强大的“自我实现”的企图心，而中层管理者重视自我实现动机的同时，也兼顾强调风险承受力和自信心这两种特质的重要性（见表5－15）。

表5－15　经理人职务等级与创业高管特质动机胜任力判断比较

职务等级	统计科目	创业高管特质动机					
		自我实现	结果任务导向	风险承受力	自信心	激情与感染力	合计
高管层	数量	22	5	8	3	4	42
	高管层（%）	52.4	11.9	19.0	7.1	9.5	100.0
	总体（%）	19.3	4.4	7.0	2.6	3.5	36.8
中管层	数量	16	1	13	14	4	48
	中管层（%）	33.3	2.1	27.1	29.2	8.3	100.0
	总体（%）	14.0	0.9	11.4	12.3	3.5	42.1
基管层	数量	7	3	5	3	6	24
	基管层（%）	29.2	12.5	20.8	12.5	25.0	100.0
	总体（%）	6.1	2.6	4.4	2.6	5.3	21.1
合计	数量	45	9	26	20	14	114

资料来源：笔者自制。

四、高管背景胜任力与企业生命周期

本书除了考察高管内在结构性胜任力与企业成长关系外，还引入“高管背景”变量，探索良好的高管背景是否能够增强高管对企业成长各阶段的适应性，或者说什么样的高管背景有利于胜任企业整个生命周期。为此，本书选择了创业经历、任职行业数量、大企业经历、任职企业数量和高管经历时长这五个指标来表达“高管背景胜任力”，作为探索性研究，这五个指标采用定性方式来表述，如“任职行业越多”“高管工作经历越长”等。

我们先从整体上了解受访经理人对这五个指标的看法，然后进一步分析受访经理人背景，尤其是优秀与否是否影响他们的判断。统计结果如表5－16所示。

表5－16　受访经理人对高管背景胜任企业生命周期的判断

高管背景	更胜任领导企业各阶段发展（%）					有效样本/缺失值	均值/标准差
	赞同	较赞同	中立	不太赞同	不赞同		
有创业经历	30.8	35	24	9.2	0.8	120/1	2.14/0.990
任职行业多	19	11.6	36.4	28.1	5.0	121/0	2.88/1.163
大企业高管经历	17.1	41	21.4	17.9	2.6	117/4	2.48/1.055
任职企业数量多	7.6	11.9	29.7	42.4	8.5	118/3	3.32/1.045
高管经历长	15.7	38	24.8	17.4	4.1	121/0	2.56/1.079

表5－16统计结果显示，赞同性比例明显超越不赞同性比例的高管背景变量有：“有创业经历”（65.8%）、“大企业高管经历”（58.1%）、“高管经历长”（53.7%），其中，“有创业经历”的赞同程度最高（30.8%）；而不赞同性比例高的高管背景变量则有：“任职行业多”（33.1%）和“任职企业数量多”（50.9%），其中“任职企业数量多”的不赞同程度较高（8.5%）。使用统计相关进一步分析这五个指标与受访经理人工作经历（职务等级、职务年段、获奖情况）的关系，得出如表5－17所示的结果。

表 5-17 受访经理人背景与高管背景胜任力看法的相关性

		有创业经历胜任企业成长	任职行业多胜任企业成长	大企业高管经历胜任企业成长	任职企业数量多胜任企业成长	高管经历长胜任企业成长
职务等级	皮尔森相关	0.105	0.152	-0.015	0.152	0.200（*）
	显著性（双尾）	0.253	0.096	0.872	0.100	0.028
	样本数	120	121	117	118	121
职务年段	皮尔森相关	-0.168	-0.073	0.165	-0.136	-0.220（*）
	显著性（双尾）	0.070	0.429	0.078	0.147	0.016
	样本数	118	119	115	116	119
获奖情况	皮尔森相关	-0.150	-0.101	-0.002	-0.179（*）	-0.068
	显著性（双尾）	0.103	0.273	0.979	0.05	0.458
	样本数	119	120	116	117	120

注：**表示相关性在0.01水平显著（双尾），*表示相关性在0.05水平显著（双尾）。

资料来源：笔者自制。

从表5-17结果看，除了“高管经历长”“任职企业数量多”以外，不同背景受访经理人对企业各阶段高管背景胜任力的见解没有明显统计差异性。即他们比较一致认为：“有创业经历、大企业高管经历”的企业高管能够胜任企业各阶段的企业经营管理，而“任职企业数量多”的高管未必能够胜任企业各阶段的经营管理。不过，虽然从总体上看，“高管经历长”的背景有利于提高高管的企业成长的胜任力，受赞同面明显，但是“职务等级”（R=0.200，P=0.028）和“职务年段”（R=-0.220，P=0.016）不同的受访经理人对此判断有明显差异。使用均值比较和卡方分布作进一步比较发现：这之间的差异主要是高管、中层经理与基层经理之间存在明显差异，而高管和中层经理都一致认为高管经历长的背景能提高其对企业成长的胜任力；在“职务年段”方面，体现为职务年龄在3年以下与3年以上（含6年以上）的经理人对此看法存在明显差异，职务年龄在3年以下的受访经理人持不赞同性意见的比例达到34.2%，远远高出3年以上职务年龄的经理人持否定意见的比例（分别为12.4%和18.4%）。

在任职企业数量背景与高管对企业生命周期胜任性方面，“获奖情况”不同

的受访经理人对此看法存有一定的差异（R = -0.179，P = 0.05），多次获奖和获得 1 ~ 2 次奖励的受访经理人的看法比较一致，但前者与没有获得奖励的受访经理人有统计显著性的差异，主要是后者不赞同“任职企业数量越多的高管越能胜任企业发展各阶段的经营管理”的比例较前者更高。

上述差异都是在程度上的显著性差别，但各自在整体态度上没有差别，与总体的统计分析结论保持一致。

五、理论探索与调查结果对比分析

通过问卷调查，得到了居于经营管理一线的各阶层经理人关于高管胜任力与企业成长情境适应性的判断和观点，我们有必要将来自经营一线调研的结果与包括本书在内的理论研究进行对比分析，从而验证或修正高管胜任力与企业成长匹配的理论推断。

第一，我们将企业成长各阶段任务情境理论分析与调研结果进行对比分析（见图 5 -1），从总体而言，企业成长任务情境的理论分析和调查结果，至少有两项是一致的，比如，快速成长阶段的“高效客户运作管理”“关键人才引入或保留”，稳定发展阶段的“研发创新延续核心”“品牌经营”，衰退危机阶段的

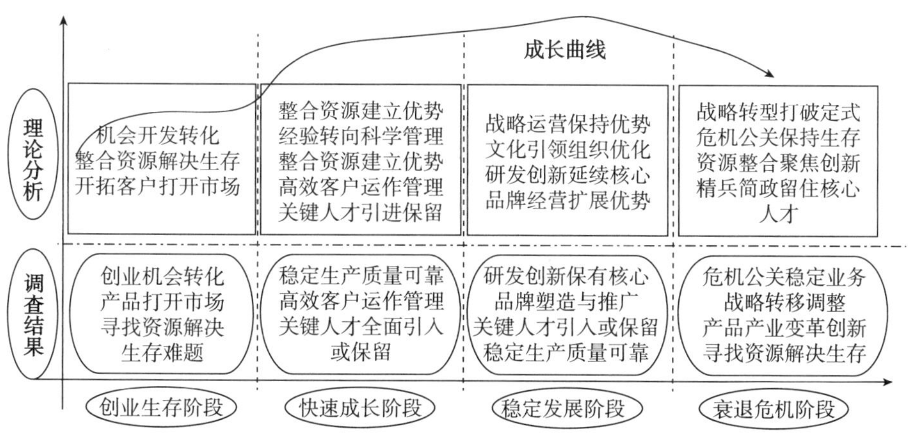

图 5 -1　企业生命周期各阶段任务情境的理论分析与调查结果对比

“危机公关保持生存”“聚焦创新”等，虽然个别表述有些差异但其任务情境的实质是一致的。值得指出的是创业生存阶段的理论分析与调查结果完全一致。这些说明理论研究者和实践管理者对企业成长各阶段的核心矛盾的解读有较高的共识性。

不过，这种较高的共识也难掩理论工作者与实践管理者之间的明显差异，相比于理论工作者，处于管理实践中的经理人更加务实，他们认为有些在理论上认为前一个成长阶段已经基本解决的问题，在实践中往往很难做到，它仍然会持续到下一个环节，仍然是下一个阶段的核心问题，比如“稳定生产质量可靠”，这一条没有在理论分析中出现，但是受访经理人认为这一点是快速成长阶段最重要的任务情境，即使企业进入了稳定发展时期，这一点依然是核心任务情境之一，联想到三鹿奶粉事件、双汇“瘦肉精”事件、肯德基苏丹红事件等这些曾经或现在仍处于稳定发展阶段的企业出现的产品质量问题，引发全社会对企业质量的信任危机，我们不难理解为什么受访经理人认为“稳定生产质量可靠”在这两个阶段都是核心任务情境；又如“关键人才引进或保留”，理论分析认为这个是快速成长阶段的核心任务环境，而调查结果将“关键人才引进或保留”视为快速成长和稳定发展两个阶段的核心任务情境。另外，调查项目中的“制度规范和流程管理”这一科学管理方法，一直没有被受访经理人置于“核心任务情境”的前三位，而理论分析则认为这至少是第二阶段的至关重要的任务情境。或许多受访经理人认为科学管理和企业文化一样都是非常重要的组织管理事项，但是实际上这些管理方法和模式在企业执行中往往很难被有效贯彻，说得好、规定得好，不等于能做得到或做了就好，还是“实用未必科学”的办法来得快、来得有效。

第二，企业生命周期理论与调查结果的对比出现的差异一定会在高管胜任力的理论逻辑与调查结果逻辑中同样出现。图 5－2 和图 5－3 分别归纳了理论分析和调查结果的高管胜任力演化过程。

（1）知识技能方面，即“通用性胜任力”方面

创业生存阶段两者在机会把握和市场感知能力方面基本是一致的，但受访经理人更强调行业工作经验的重要性，这在理论分析中并没有提到，而理论分析所主张的“组织能力”“资源整合能力”和“学习创新能力”均没有成为受访者看重的创业高管胜任力选项。快速成长阶段理论分析提出了六项高管胜任力，有五项获得受访经理人支持（其中“知人善任能力”在调查中放到了“角色品质”

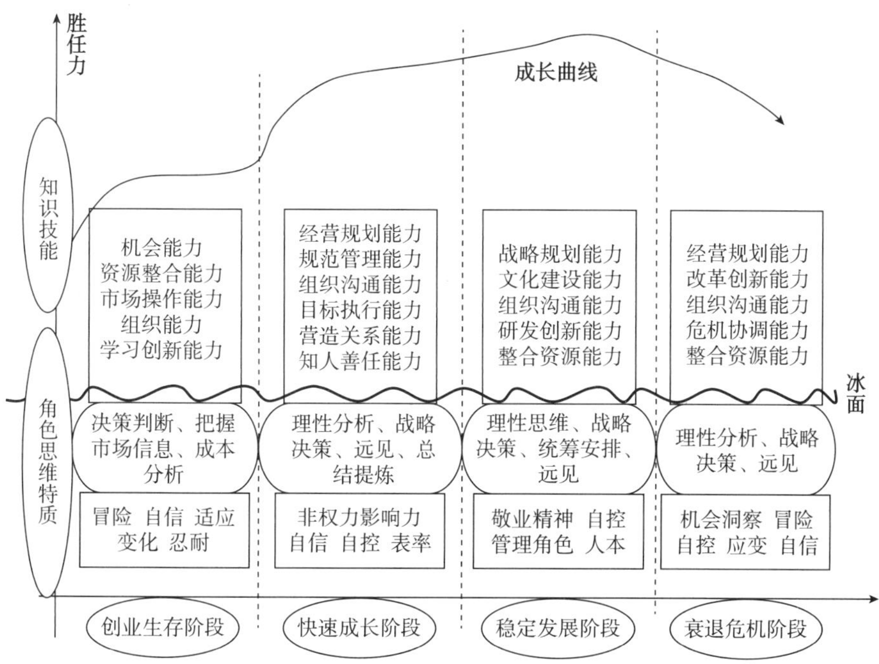

图 5－2　高管胜任力与企业成长情境匹配的理论逻辑

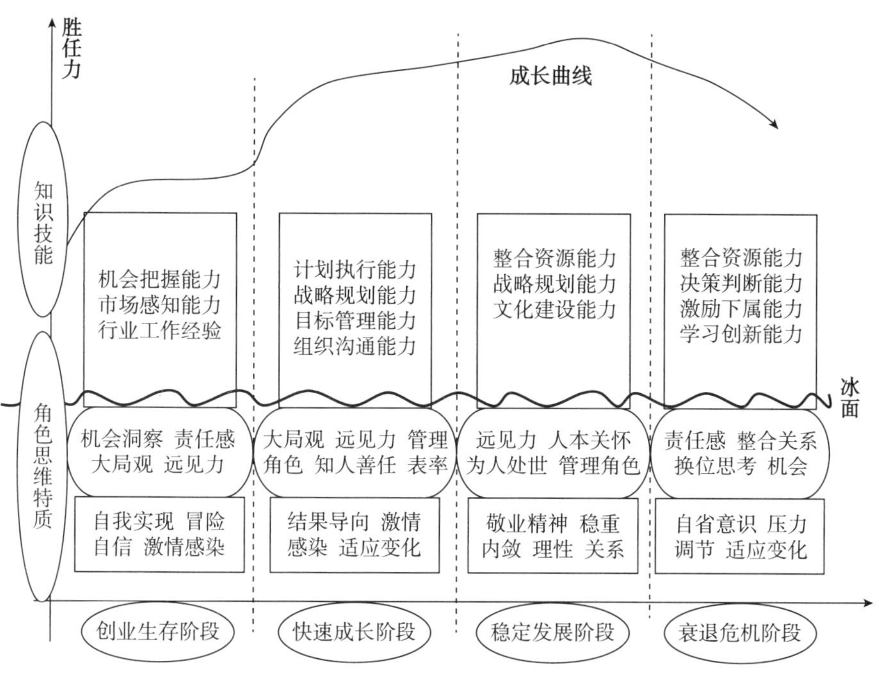

图 5－3　高管胜任力与企业成长情境匹配的结果逻辑

层面)，但是“规范管理能力”和“营造关系能力”并没有获得支持。稳定发展阶段的五项高管胜任力覆盖了受访经理人提出的三项高管胜任力，但是“研发创新能力”和“组织沟通能力”并没有获得受访经理人的支持。最后，企业衰退危机阶段，理论分析和实践调查结果差异很大，二者只是在“整合资源能力”“创新能力”方面相同，其他的均不相同，受访经理人认为这个阶段的高管“决断力”和凝聚下属的能力特别重要，所以把“决策判断能力”和“激励下属能力”放在核心胜任力位次。需要指出的是，两者的差别可能是因为调查项目的遣词造句带来的语义理解差异所导致，比如研发创新能力在调查时使用的是“学习创新能力”，危机协调能力在调查中没有出现，而是被“冲突管理能力”和“关系协调能力”分解。

(2) 角色思维特质方面，即“鉴别性胜任力”方面

理论推断与受访经理人调查反馈之间的差异，比二者在通用性胜任力的表现情况更加明显。①在创业生存阶段，理论分析认为创业高管需要良好的决策、市场分析和成本分析的思维，而调查结果则显示创业高管要有高度的责任感和良好的机会洞察力、大局观与远见力；二者在创业高管人格特质上都强调自信、冒险精神，但理论分析主张的“适应变化”和“忍耐”的人格品质没有得到受访经理人足够的支持，后者认为还需要具备“激情感染力”和“强烈的自我实现动机”。②在快速成长阶段，理论分析认为创业高管需要理性分析、战略决策、远见力和总结提炼等优秀思维品质，而受访经理人更强调高管优秀的“角色意识和思维”——远见力、管理角色、知人善任和表率示范；在人格特质方面，理论分析更强调高管自我管理品质：自信、自控和表率，而受访经理人则强调如何适应环境：结果导向、感染他人、适应变化。③在稳定发展阶段，理论分析和受访结果保持较高的耦合度，比如远见力、人本关怀、敬业精神、管理角色、理性思维。差异主要还在于前者更重视优秀高管的逻辑思维品质，而受访经理人更加重视高管胜任力的角色思维和品质，如老道的为人处世、关系整合、稳重内敛的气质。④在衰退危机阶段，理论分析和调查结果差异较大，前者认为优秀高管胜任力应有高超理性分析、战略决策、远见力的思维品质，以及机会洞察、冒险、自控、应变和自信的人格特质，而受访经理人则认为优秀高管胜任力应具备责任感、整合关系、换位思考、机会洞察力等良好的角色意识和品质，以及自省意识、压力调节、适应变化的人格特质。

第三，高管胜任力与企业成长匹配关系的理论逻辑和结果逻辑之间的相同点特别是分歧，通过比较一目了然。但这是否说明调查结果的逻辑就可以作为企业生命周期的高管胜任力演化的“实践逻辑”了呢？是否就可以否认理论逻辑了呢？实际上不能简单地做肯定或否定的判断。首先，本书的调研仍然是一个“探索性”调查，是在更加深入地探查高管胜任力与企业成长匹配关系的“应然”答案，而不是以实证或证实某种关系假设为主要目的，尽管本书有这一目标，而且本书的数据结构和样本量也难以信服地做结构方程分析。其次，更为重要的是，高管胜任力与企业成长匹配的调查结果还存在一些重要的“漏点瑕疵”，而理论逻辑则刚好弥补了这些漏点。这些漏点瑕疵主要体现在高管胜任力的调查结果与企业成长任务环境的调查结果有明显匹配的地方，比如，稳定发展阶段强调“研发创新保有核心”这一任务环境，但在高管胜任力的调查结果中，其相应阶段没有与此任务环境对应的能力或特质；又比如，衰退危机阶段强调“危机公关稳定业务”这一任务环境，但在高管胜任力的调查结果中，其相应阶段也欠缺与此任务环境对应的能力或特质。基于此，可以考虑以调查得出的企业成长任务情境为背景，在调查结果基础上，吸收理论逻辑的优点，修正高管胜任力与企业成长匹配关系调查结果的漏点瑕疵，形成高管胜任力与企业成长匹配关系的分析模型（见图5－4）。

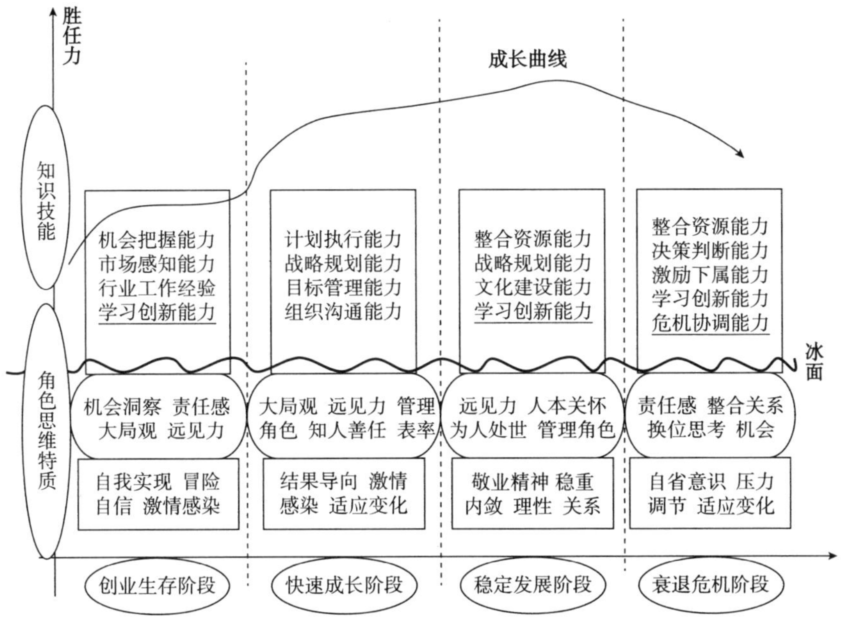

图5－4　高管胜任力与企业成长匹配关系的分析模型

第六章　互联网企业特征与高管胜任力的适配性探索

我们在前面所论及的企业成长情境及其演化，基本都是以工业化晚期的商业环境和企业生产方式为背景来分析论述的。在工业化晚期，知识化和信息化已经渗透到企业生产和经营的核心部门与流程，渗透到企业参与外部竞争的各个市场层面。这一时期的企业商业环境已经呈现快速动荡的竞争特性，二次创业、企业家型企业成长、创新导向的企业成长在考验着企业的高管能力。然而，这一快速不稳定的竞争环境没有持续多久，随着互联网技术及其应用的普及，和基于互联技术带来的各种商业应用的出现，全球的商业环境发生了巨变，这种巨变既包括互联网技术改变了顾客参与市场的方式，也包括企业面临线上与线下经营的整合，更主要的是诞生了新的商业物种——互联网公司，这是因互联网而生，并用全新商业模式运行的公司。本章将根据这类公司的成长形态、组织与管理特征，结合工业时代的企业领导者的高管胜任力结构，探讨互联网企业高管胜任力特征与结构。

一、互联网商业环境与互联网企业产生

（一）网络技术普及应用与商业环境的巨变

有人说，从农耕时代到工业时代到信息时代，技术力量不断推动人类创造新的世界。当网络技术开始转为一种普世的社会连接能量时，人类社会的所有层面都在发生颠覆式的变革。互联网环境所具有的开放性、虚拟性、交互性、平等性

与共享性等特征使得人们能够通过互联网与身处不同地域范围的人随时随地进行双向或多向信息交流，由此产生的时空距离的缩短和交易成本的降低，对传统的经济和商业形态带来了前所未有的挑战，但也创造了无数新的商业机会。多年来，互联网作为一种通用技术和新兴经济形态，在宏观层面正在与国民经济高度融合，休戚与共，互联网产业对国民经济的贡献在快速增加；在微观层面，它成为改变商业经营形态，甚至改变商业生态的决定性力量，近些年，凭借互联网技术创新商业模式并颠覆行业的案例屡屡出现，最早的SOHU、新浪综合信息平台颠覆传统报纸和媒体，E-mail冲击了中国邮政行业，改变了很多人不买报纸而在互联网上看新闻的习惯；接着出现阿里巴巴外贸交易平台颠覆传统的产品交易会，坐在家里可与世界各地外贸商洽谈业务订单；继而网络播放器和音乐下载颠覆DVD碟机行业和CD唱片业，人们逐渐通过网络播放器下载和收听最新音乐，致使很领先的蓝光技术都惨遭淘汰，唱片的消费呈现惨淡经营……

近年来随着移动互联网发展态势的形成，在商业领域从购物到社交，从出行到订餐，各种新兴的互联网商业模式正在深刻影响着大众的日常生活。从整体来看，互联网技术的普及与发展，对企业环境和生产经营的改变主要体现在：

1. 商业生态关系发生根本改变

在传统的商业关系形态中，企业、产品和用户虽然是整个市场的重要组成部分，但却相对独立，相互之间的连接是松散的、间接的。这一点在工业时代体现得最为明显，企业只关心盈利，产品只实现交易，用户只能满足于供应。例如亨利·福特为了实现标准生产和规模效应，只生产销售黑色T型车。在互联时代，企业、产品和用户关系发生根本改变——它们从单向“连接”关系变成相互“联结”关系，从单向价值传递关系变为双向甚至多向的价值叠加关系。企业、产品、用户，与市场的边界愈加模糊，相互之间的关联却愈加紧密、深入、清晰和广泛，渐渐形成一个“你中有我，我中有你”的不可分割的统一体。企业不再是一切的主宰，需要努力创新发展；用户有了更多的发言权，甚至参与到了研发和管理环节；产品不但要满足各式的功能需求，更要提供个性化的体验。价值创造路径则变得愈加复杂和深远。

2. 用户的顾客价值与需求变化的凸显

互联网改变了信息不对称的状态，方便了用户获得市场信息，改变了工业时代顾客被动面对市场、面对产品和渠道终端的情势。借助互联网技术塑造的商业环境和条件，用户可以更方便、更全面地了解和掌握产品、企业的信息，成为消费领域的“专家”；用户通过互联网的社交网络可以更方便、更及时地沟通分享消费价值、消费体验、消费评价；用户借助互联网的广泛信息渠道，不断创造和释放新的需求，并且通过网络多通道快速推送个性化的需求。总而言之，互联网塑造的商业环境下，用户的顾客价值权力不断上升，驱动企业资源配置从以工业时代大规模、标准化生产制造过程为中心转向以消费者的需求为中心，原本为直线的价值链逐渐向以消费者为中心的圈环式价值创造单元转变。许多传统行业的商业模式和运营设计都要随着用户需求和价值认知变化而改变。例如，北京荣昌洗衣公司针对顾客到干洗店洗衣停车难、送洗衣物交接时间繁琐、店面营业时间不能满足顾客取送时间等系列洗衣痛点需求，推出互联网运营模式的 e 袋洗，并由此切入到更广泛的家政服务领域。它致力于将幸福感作为商业模式的核心和主导，推出了新品小 e 管家，通过邻里互助去解决用户需求，满足居民幸福感。无论互联技术如何变化，商业的本质逻辑依旧是创造顾客价值。

3. 企业生产经营的组织方式发生了变革

互联网技术的出现不仅改变了传统企业的外部环境，而且使知识、能力、信息逐渐取代传统的资本、土地而成为主要的生产要素，这必将引起企业组织结构的变革。传统企业组织的局限性使得国内外学者对互联时代企业组织边界的研究倍加重视。互联时代的商业环境具有易变性、不确定性、复杂性和模糊性等特征（Bouee，2013），互联网背景下的传统企业组织的变化趋势为组织结构的扁平化、去边界化、柔性化、虚拟化以及网络化（郑湛等，2019）。适应这一环境特征的企业，其组织形态应该具有“大组织”的概念（郑湛，2015），其组织特征体现为：①组织的本质不是结构而是能力；②组织的使命是为公众利益服务；③组织的管理方式是创造艺术的环境；④组织的思维方式是在与外部环境互动中发展。这种形态的组织其实是一种“无组织的组织”“无边界的组织”（Fried，Hansson，2010）。有学者分析了互联网时代新型组织形成的三大趋势：即以用户体验为中心、赋权授能、“平台 + 创客”（侯典牧等，2016）。

（二）互联网商业环境下的创业创新

自 20 世纪 90 年代以来，互联网在全球范围内迅速扩展，中国互联网也随之快速发展，互联网的交互性、传递性深刻地影响着商业交易、社交生活、职业机

会和创业创新。在互联网技术的支持下，企业管理与互联网络的深度结合造就了“大数据”的出现，使信息数据成为其核心生产要素。“大数据”的出现将打破空间的约束，使全球范围内的合作成为可能，由此催生了更多和更大范围的大众创业和万众创新，成就了许多互联网企业的异军突起，Facebook、推特、谷歌、亚马逊、阿里巴巴、奇虎360、小米、美团、滴滴打车、字节跳动和P2P金融平台公司等都是基于互联网商业环境和互联网技术应用而创生的天生国际化的互联网公司。

腾讯公司的总裁马化腾认为创新创业值得鼓励，今天的商业环境鼓励了许多年轻人借助互联网平台以及社交的力量，以极大的勇气和热情迈进各种新兴领域创造新的商业实体。俞函斐（2014）认为，互联网的商业环境对创业活动带来了较多影响：

首先，互联网给创业者和客户提供了一个沟通和展示的平台。通过即时通讯软件，如阿里旺旺、腾讯QQ、微信等平台，买卖双方可以进行沟通交流。另外，通过一个互联网的网站就可以了解到产品的样式、性能、价格，不需要像过去一样通过展会、寄样品、出国等烦琐程序了解产品，互联网商业环境极大地缩减了沟通成本和交易成本。

其次，互联网为创业者提供了更多信息。互联网集中了信息技术资源和服务，大幅提高了IT资源的应用效率。创业者可以在网络上进行信息共享，与创业伙伴了解行业信息，极大地克服了信息的不对称。

最后，创业者采用电子商务的运营模式开展创业活动，这一环节对互联网的依赖性最强。在网络上进行营销，或者利用手机APP进行推广，如滴滴打车、瑞幸咖啡等企业利用互联网的大数据、云计算，将产品推向流量峰值，再利用交叉补贴机制确保长期可持续经营，创造了低成本、高收益的价值增值模式。

王维维（2017）将互联网对创业的影响分为两大类：一是技术效应，二是信息效应。技术效应是指互联网作为一种革命性的技术所产生的影响；信息效应是指互联网作为一种信息传递工具，对创业环境所可能产生的影响。首先，由互联网滋生的创业者都是以互联网为载体，对互联网的创新应用形成“互联网+”，通过网络进行产品开发、宣传、推广等工作，利用互联网与云计算、大数据的融合建立竞争壁垒并提高企业的市场地位，大幅提升了作业效率。他们打破了传统行业进行的前期宣传、获得信息的手段。其次，由于互联网的传播速度之快、传送内容之广、传达地区不限，使得信息更易获取并进行资源共享，信息由完全不对称转变为信息的逐步对称，敏感人群可以挖掘到更多的商业机会，形成自己的商业模式，打破传统行业的壁垒，开展具有独特意义的创业活动。

互联网平台对于创业者来说是低成本、低门槛、高收益，因此促使了一大批人选择创业。创客们通过互联网传播自己的创业观念并获得志同道合之人的认可，便可形成自己的网络圈，当圈子越来越大时，就可以将自己的顾客变现。另外，互联网环境带给创客们无限的可能，创客们的任何一个有趣的想法、新的商业模式都有可能带来巨大经济利益的流入，所以创客们选择利用互联网实现自己的独特性、释放自己而进行创业。

（三）互联网企业内涵及其商业模式

1. 互联网企业内涵

随着“互联网”概念在全球范围内的盛行，一些与互联网相关的名词也逐渐成为街知巷闻的热门词汇。互联网的发展不仅给人类的传播活动和生活方式带来了巨大的变革，同时也给工商业企业的创业与发展带来许多新的挑战与机会。其中，最引人注目的便是互联网企业的快速崛起，早期有英特尔、IBM、谷歌、新浪、雅虎、阿里巴巴等，近些年涌现了京东、小米、Facebook、字节跳动等新兴互联网企业。

尽管互联网企业发展风起云涌，但人们对“互联网企业”内涵，即什么样的企业是互联网企业却有不同的理解。金定海、顾海伦（2016）认为，互联网企业是互联网产业链上不可或缺的一环，互联网与互联网企业是相互依存的关系，这种依存关系是牢固而坚实的。任何可以脱离互联网而存在的企业都不能被界定为互联网企业。彭赓等（2010）、张爽（2017）等认为，互联网企业指的是以网络信息技术以及网络通信平台为基础，利用网络平台提供网络技术服务来盈利的企业，互联网企业一般分为基础软件企业、硬件终端企业、服务消费企业。一些企业家或者风投人员比如雷军、沈南鹏等认为，互联网企业是在网络平台上注册域名并且通过网站、手机 APP 等平台为社会其他企业或者网络用户提供消费、娱乐、购物等服务的网络公司，一般分为基础服务企业、网络服务企业、应用服务企业、数据服务企业、基础设施提供商等。

相较于传统企业，互联网企业与其本质区别在于：互联网企业将其业务完全建立在互联网的基础之上。因此，从企业的业务范畴来看，广义的互联网企业是指其业务和服务建立在互联网基础之上，即以互联网为主要经营手段；而狭义的互联网企业是相对于传统（实体）企业而言的，是指其业务内容完全基于（或融入于）互联网平台，即以互联网业务为企业经营内容。

2. 互联网企业商业模式

任何一种商业模式都要存在于一定的客观环境和企业情境里，所以我们分析商业模式时，外在的影响因素一定要分析环境因素，宏观、行业、企业和顾客这四个方面的维度。互联网企业商业模式发端于电商与网络社交相结合。具体而言，在互联网技术应用的宏观背景下，网络社交工具和电商不断融合，社交工具不再和传统意义上的一样仅具有社交功能，而是作为商业平台，将各类电商功能包含在其中，而后互联网电商推动了网络技术与生产制造、用户社交与厂商、厂商与供应商、平台商业生态的发展，产生了越来越多的商业模式，比如免费模式、大平台模式、O2O 模式、数字化制造模式、C2B 模式、个性化定制模式等。这些商业模式适应了互联网企业的发展，形成了互联时代各具特色的商业生态。

（1）商业模式概念

近年来，商业模式关注的焦点从产品层次、业务水平、公司水平到多聚合的行业水平。不同学者均从不同的角度对商业模式加以研究，而且各自有不同的侧重点，随着研究的深入，由于行业不同或企业所处的环境不同都会导致研究的结果不同，使商业模式在现实中呈现出纷繁复杂的状态。

Amit 和 Zott（2001）研究了电子商务系统商业模式价值创新的理论依据，并提出了一个商业模式价值新的整合分析框架，以及基于此研究了相关的战略管理理论，认为商业模式由交易内容、交易结构、交易产品、交易治理构成。Chesbrough 和 Rosenbloom（2001）研究了在从企业到客户的价值传递过程中战略理论商业模式因素所起的作用。Rappa（2004）认为，商业模式呈现了一个公司价值创造所进行的活动，进而结合企业本身的资源禀赋，明确在价值链中的定位，阐释企业如何跟市场进行价值交换，即商业模式就是通过明确企业在价值链中的地位来说明某企业的盈利方式。Osterwalder（2005）等系统梳理了商业模式的概念、组成、信息系统中的作用以及演变过程等商业模式要素。翁君奕（2004）认为，价值主张、价值支撑和价值保持构成了商业模式的价值分析体系，是客户界面、伙伴界面和内部构造三个有意义的要素组合。原磊（2008）认为，商业模式是企业价值创造的逻辑。龚丽敏等（2011）基于资源和能力投入视角对商业模式进行了分析，研究发现商业模式通过构建价值链和外部网络来实现价值创造和价值获取。

本书结合互联网企业及互联网企业成长特征，将互联网企业商业模式的概念归纳为互联网时代，企业通过深入嵌入互联网商业环境，发现商业机会并基于自身的资源与能力，创新性地构建与实现服务用户的价值主张、产品结构和盈利模式，实现用户价值最大化和自身商业目标。

（2）互联网企业商业模式的构成

关于商业模式的构成要素，国内外学者给出了很多观点，价值主张、价值网络、消费者、价值链流程和收益等要素得到了一半以上学者的认同（见表6－1）。综合国内外关于商业模式构成要素的代表性观点，并考虑互联网企业的特殊性，将互联网企业商业模式划分为价值主张、盈利模式、资源能力和外部效应四个维度。

表6－1　商业模式的构成要素

构成要素	主要内容
目标顾客	企业提供价值服务的对象，包括市场（where）和顾客群体（who）两个层次
产品服务	企业提供的价值内容，通过产品服务来提供顾客价值
关键资源	企业拥有的具备异质性和难以模仿性的战略资源
核心能力	企业成长过程中形成的有针对性的特殊能力
收入模式	互联网企业获得收入的方式，即企业如何对创造出来的价值进行回收
伙伴关系	互联网企业对与伙伴之间产品流、收入流和信息流的总体安排，即企业如何处理与伙伴的关系，使企业和伙伴在价值创造活动中实现“共赢”
成本结构	企业为支撑其价值主张所要消耗的资源
隔绝机制	互联网企业为价值主张和价值网络免受侵蚀和伤害而做出的机制安排，即如何隔绝破坏者和模仿者，使价值创造活动不被外来因素所破坏

资料来源：根据文献整理。

四种构成要素的创新对一个企业的发展至关重要。例如，亚马逊公司的网络书店商业模式（部分构成要素的创新），没有实体店面的高额固定成本支出，实现了成本的大幅度下降，从而保证了产品价格远低于实体经营的竞争对手；目标市场方面，网络销售摆脱了实体书店区位的限制，通过快递送达的方式将目标市场扩大为全国乃至全球范围等。

例如，滴滴出行自诞生以来就与其他传统打车模式不同，它依托互联网平台，运用互联网的运营模式和推广方法，彻底改变了传统的打车模式，实现了新技术、新模式、新产业、新业态在“互联网+出租车业务”领域的有机结合（见表6-2）。

表6-2 滴滴出行商业模式构成要素分析

<table>
<tr><th>商业模式要素分析</th><th colspan="2">滴滴出行</th></tr>
<tr><td>价值主张</td><td colspan="2">“让出行更美好”，即为消费者提供更便捷的用车出行服务；满足消费者在不同场景下的多样化出行需求</td></tr>
<tr><td>目标顾客</td><td colspan="2">需要出行的消费者</td></tr>
<tr><td rowspan="5">盈利模式</td><td rowspan="4">收益模式</td><td>平台服务费（佣金）</td></tr>
<tr><td>界面广告投入</td></tr>
<tr><td>信息挖掘服务</td></tr>
<tr><td>动态调价</td></tr>
<tr><td>成本结构</td><td>一定数量的专车以及滴滴班车、滴滴公交车、滴滴站台等</td></tr>
<tr><td rowspan="5">关键资源</td><td rowspan="3">技术</td><td>定位技术APP</td></tr>
<tr><td>云计算、大数据</td></tr>
<tr><td>人工智能、机器学习法</td></tr>
<tr><td>服务</td><td>涵盖出租车、专车、快车、顺风车、代驾及大巴等多项业务一站式出行平台</td></tr>
<tr><td>合作伙伴</td><td>微信</td></tr>
<tr><td>推广模式</td><td colspan="2">滴滴向出租车公司推广安装滴滴打车软件并通过大量的电视节目、网络媒体宣传，开创了“线上+线下”深度合作的新模式</td></tr>
</table>

二、互联网企业成长与管理特征

（一）互联网企业成长与发展特点

中国互联网企业从无到有，再到现在的世界领先地位，不过是短短几十年的时间。发展速度快、成长周期短是中国互联网企业独特的历史发展特征。

中国的互联网企业起步于20世纪90年代，那时诞生了一批以互联网技术为核心的新形态企业，利用人们对互联网的这一新生事物的好奇心和需求，占领了最初的用户和市场。到了21世纪初，互联网企业的发展呈现井喷式发展，各种形式的企业开始崭露头角：百度、360、搜狗等以导航、搜索业务为主的门户网站依靠广告和竞价排名等方式开始迅速占领市场；以阿里巴巴、京东、苏宁等为代表的虚拟与线上服务B2B、B2C互联网公司也开始出现；腾讯、网易、巨人网络、盛大、搜狐等以娱乐、休闲为主的多媒体广告和网络游戏互联网企业得到了极大的发展和扩张。如今，腾讯、阿里巴巴、百度等互联网巨头已经开始把自己国内行业的领先优势拓展到整个国际市场的激烈竞争中。另外，还有一些具有长远目光的传统企业也纷纷借助互联网推动自己产业转型，从而在这个竞争日益激烈的数字化时代获得一席之地。比如海尔，从2005年开始大刀阔斧地进行变革，打破自己的组织构架，拆掉科层制，模糊组织边界，一副“不破不立、边破边立”的气势，现在海尔已经摘掉了家电制造企业的标签，成功转型为生态平台化企业。而海尔同期的竞争对手新飞、长虹、TCL等却逐步被时代所淘汰。

互联网企业的成长生命周期与传统企业有很大的不同，比如初创期，与传统制造或服务类企业相比，互联网企业的主要任务是寻找顾客需求、痛点，围绕痛点进行集中开发创新并打造新的商业模式，然后通过社会融资方式迅速获得资本，依靠其巨大的资本快速在网内吸引流量。如果顾客需求、痛点得到很好的解决，则可能快速跳过成长期而进入巅峰期，这也是互联网企业能够在短短几年实现快速成长的原因之一。顾客的需求/痛点也是具有时效性的，如果企业不能持续地抓住并解决顾客痛点，或者无法跟上时代的节奏，就会使所获得的流量迅速消失，企业进入衰退期，这也是有些公司为何一夜之间衰落的主要原因。从以上的分析可以看出，流量是互联网企业保持成长和青春期的主要手段，互联网企业从创业之初就在不停地吸引流量和保持流量，当流量开始迅速下滑且公司没有有效挽回手段时，公司就会快速衰落。而为了吸引和保持流量，企业也在不同时期采取不同手段，具体过程如图6-1所示。

不管是一步步披荆斩棘，一路突破还是半路转型，破而后立，这些企业在发展的过程中都有其独特的成长特征，也为其他企业的发展或转型提供了宝贵的经验。通过对这些企业成长历程进行分析，将其发展过程所展现的特征总结为以下三点：

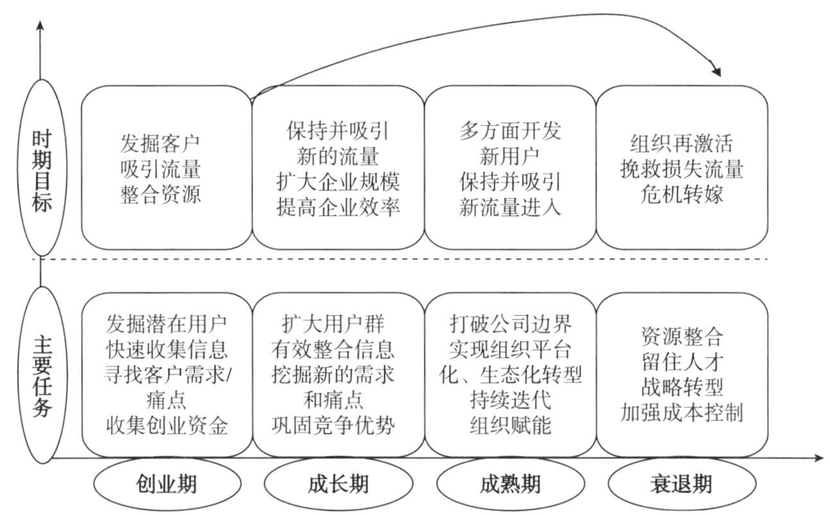

图 6－1　互联网企业生命周期各阶段任务

1. 寻找顾客需求，解决痛点

“你知道顾客的期待是什么吗?”“你能给顾客带来想象吗?”“未来有哪些技术可以对我们的领域产生影响?”互联时代也可说是顾客至上的时代，“谁掌握了顾客需求，谁就掌握了市场”不再是一句空话。一方面，互联网技术的快速发展使企业利用资源和能力来保持竞争力的方式逐渐失效，企业和企业间资源流动越来越频繁，以往的核心竞争力可能会因为不适应时代意愿而成为阻力。诺基亚 CEO 约玛·奥利拉在同意微软收购的记者招待会上说过：“我们并没有做错什么，但不知为什么我们输了。”当时诺基亚在手机界的巅峰地位无可撼动，手机的质量至今也是人们津津乐道的话题。但是当消费者倾心于手机的大屏幕、多功能等娱乐性需求时，诺基亚却依然执着于手机的小巧、结实、耐用等方面。从工匠角度看诺基亚并没有做错什么，但它错在忽视消费者对手机需求的转变，错在对自己的核心竞争力太过自信，全然没有考虑它是否已经成为发展的阻力。

另一方面，互联网拉近了需求端与服务端之间的距离，企业和顾客之间的交流方式越来越多：用户论坛、社交网络、浏览记录、客服服务等，互联网可以更好地显示消费者的个性化需求并且及时反馈产品的信息，这些都可以为企业更好地把握客户的需求，从而提高自身的竞争力。小米创始人 CEO 雷军曾说过：“站在风口上，猪都会飞。”表达的是创业要抓住机遇，顺势而为。现在看来，顾客的痛点就是让猪起飞的“风口”。美团、摩拜、滴滴等公司都是抓住了当时顾客的需求而迅速发展，短短几年就达到了传统企业历时几十年甚至上百年才达到的规模。另外，海尔对于顾客痛点这一问题也是高度重视，创客小微发展的核心就是抓用户的痛点来实现多次迭代。

2. 企业边界模糊，思维转变

工业企业为了保持自身的竞争力而强调控制：不管是资源还是人才，都会采用管控的手段来防止流失，由此造成企业边界十分明显。互联网的迅速普及和发展使信息传播速度加快，资源、人才等流动频繁，这意味着传统的管控模式已经失效，依靠企业界限保持竞争优势的方式已经明显落后了。互联时代下企业更多的是将自己的边界模糊化，甚至打破自己的边界。比如，小米从最初的硬件 + 新零售 + 互联网服务的“铁人三项”商业模式发展到拥有 90 多家企业的生态链集群，围绕手机构建了手机配件、智能硬件、生活消费品三层矩阵。小米在转变后已经突破企业原有的边界，取而代之的是多元、生态化的企业体系。

企业边界的模糊化更意味着企业思维的转变，开始由竞争思维转变为合作思维、共生思维。特别是平台化、生态化等概念的出现，更加凸显了这种转变。如今很多公司都开始进行生态化的转型，依靠产业链的布局以及用户应用场景等策略来打造主导地位的平台企业，比如华为通过开放自身的通信平台，将通信能力与行业需求相结合，帮助合作企业进行数字化转型，进而依托核心技术发展运营商、企业、终端三大平台业务，形成独特的技术生态圈。此外，还有以百度、阿里巴巴以及腾讯（BAT）为代表的流量生态圈，小米的“小米产业 + 顺为资本”双轮驱动模式的混合型生态体系等。

除此之外，思维的变化还体现在企业组织与个体的变化上，开始从以前的上下级的管控模式转变为合伙人式的合作模式，由命令式的管理转变为员工的自我管理，重视激活个体以及组织赋能。最为明显的是海尔的生态化平台，通过赋予员工“创客”的身份，将员工变为创业者，不仅将员工放到了合作的平等地位，同时为“创客”提供了自我发挥的平台，为每个员工赋能，激发其自主性、创造性以及灵活性。

3. 不稳定性与兼并风险并存

互联网企业给人的印象就是发展速度快，不少企业依靠抓住消费者的需求或凭借某项技术而成为时代的黑马，从创业到巅峰就像“坐火箭”一样，从巅峰到没落也迅速，发展十分不稳定。比如开心网、人人网、凡客、ofo、摩拜等曾经都是红极一时的企业，却因为定位不清、盲目扩张等战略性问题而导致逐渐没落。有些人认为这些企业没落是因为没有跟上时代发展趋势，但这也只是部分原因，最重要的还是资本的问题。互联网公司成立初期就有大量的资金注入，同时在发展期间靠吸引并留住的流量来获得盈利，一旦流量的规模难以维持甚至开始丧失，这些公司便陷入资金不足的窘境，最终被其他互联网企业所收购，沦为其他企业完善产业布局、拓展延伸的工具。A 站全称 ACfun，是中国第一家弹幕视频网站，成立之初曾被称为“中国二次元文化发祥地”，但因为商业模式问题以及内部股权纠纷，导致其最大的竞争对手 B 站（全称哔哩哔哩动画，又称 bilibili）逐渐做大，更是一度把自己手中的流量引致斗鱼，最终丧失自己在弹幕视频网站领域的优势地位，2018 年 6 月 A 站被快手所收购。另外，阿里巴巴收购饿了么，美团收购摩拜，腾讯控股京东、拼多多等也说明了这些后期发展的公司，要么一开始便被巨头们注入资本，股权上遭到掌控，要么在陷入困境时被巨头所并购，最终都变为了巨头完善自己产业的一部分，从另一个角度上来看并购意味着背靠大树好乘凉，不用再为资金等问题发愁，是一个双赢的局面，但作为想要作为一家独立的企业发展壮大在当下来看十分困难。

（二）互联网企业组织与管理特征

1. 互联网企业组织结构

互联网带来的变革，不仅仅是销售渠道和品牌建设方式的变革，互联网已经开始对人、对人之间的分工和协作方式进行重新的编构。传统组织结构理论已经不再适合当前的环境，根据互联网时代的特点，探究组织结构变化的新趋势对传统企业“互联网+”方向的组织转型具有重要的意义。

李碧影、祁荣珊（2018）指出在我国互联网发展之初，大多初创的互联网企业应用简单直接的直线制组织结构；随着公司规模扩大、业务方向增多，将组织结构调整为事业部制；现如今，企业开始探索以顾客为导向的扁平化组织结构。扁平化组织结构能够较好地解决等级式管理的“层次重叠、冗员多、组织机构运转效率低下”等弊端，加快了信息流的速率，提高决策效率扁平化管理模式的特点，精炼了管理层次。段超（2018）通过探析顾客价值导向下互联网时代企业组织结构变革，提出了组织结构变革模式促进企业管理创新。作者以阿里巴巴集团、海尔集团、韩都衣舍电商集团、华为公司为案例研究对象，梳理企业组织结构演变历程，认为互联网时代组织结构变革逐渐由纵向型向横向型转变，平台化组织结构是企业组织结构变革的趋势。董晓飞（2019）对金字塔组织结构和扁平化组织结构进行对比分析，认为两种组织结构对互联网企业而言各有优缺点，因此作者认为互联网的管理应当设计和构建一个相对管理层较少、管理幅度较大的扁平化组织结构。众所周知，金字塔组织结构的层层递进，讲求管理层次逐级传递，人际关系上需要更多维护，让企业内部工作效率降低；扁平化组织结构虽然存在加重了主管对下属组织及人员进行协调的负担问题，但是其缩短了上下级关系，信息纵向流通更快的优点对互联网企业更为有利，因此，扁平化组织结构对互联网企业更具有适用性。

笔者通过阅读文献，总结分析认为平台化组织结构是互联网时代下企业进行组织结构变革的必然方向。互联网时代下，企业更注重工作效率，讲究效率和工作质量第一。因此，最初的金字塔式的组织结构在互联时代遭受了挑战，互联网企业大多使用扁平化组织结构，将企业的组织结构简化，上下级的作用不再显著，从而更多地提升工作效率、简化人际关系和处理事件的难易度。在互联网时代，企业越来越注重对员工的“赋能”，让每个员工都可以在企业平台上发挥自己的价值，当企业的创客，为企业创造收益的同时也能够提升自己的价值。平台化组织结构模式表现出企业平台化、员工创客化、组织分权化、内部协作紧密化四个特征。这种平台化组织结构越来越受到互联网企业的欢迎，这种组织结构可以促使企业快速创新从而适应互联网时代顾客价值转变，从而更好地迎合顾客需求、传递顾客价值，也能够提高员工的工作效率，提升互联网企业的整体价值。

2. 互联网企业组织文化

在互联网企业中，人已经成为了最重要的生产要素，货币和物质资料反而屈居其次。企业的组织文化作为生产和经营者共同创造的最具有企业特色的精神以及物质的财富，能够更好地团结员工，增强员工的忠诚度和工作的积极性，使得员工对企业产生强烈的归属感。

互联网企业文化作为管理理论，是以人为核心的人本管理。程欢（2012）通过对谷歌和阿里巴巴两大公司企业文化建设的共性分析，得出“以人为本”及“创新”在互联网企业文化建设中的重要作用。面对日新月异的互联网商业环境，作者认为互联网企业组织文化建设应当以客户至上、以创新为魂、以人为本和持续学习，这是互联网企业永葆长青的秘诀。崔建（2012）提出互联网企业组织文化要从物质层、制度层、核心精神层、建设行为层进行组织文化建设，提出以中国传统文化为基础，取其精华去其糟粕，建设符合实际的互联网企业文化。

（1）以人为本

我们所了解的国内外众多知名互联网企业，都有属于自己的企业文化。谷歌公司作为国外互联网企业中取得巨大成功的标志性企业，仅用十几年的时间就成为全球规模最大的搜索引擎，这与其独特而优秀的企业文化是分不开的。在互联网企业中，员工关系从雇用制到伙伴关系。互联网时代下员工知识能力、素质和自主性的增强，对企业发展发挥着重要作用。组织上下级关系转变，不再是简单的领导与被领导，控制与被控制，领导开始视员工为伙伴，减少干预，实现员工自主自治。这能保障员工的自主性，能激发创造性，有利于信息的流通。Google在公司内部管理的人性和谐、公司价值观的正直守法、员工工作环境的随意自如，公司行为与文化在各个领域都体现得非常一致。工作就是生活的组织文化提高了员工工作积极性，在工作场所中员工能够感受到“宾至如归”，这就是Google公司的大智慧；雅虎作为全球第一门户资讯网站，其企业文化主要体现在以下几个方面：顾客即上帝、讲究团队精神、敢于接受改革、诚实为本、积极向上。腾讯公司在业界率先将快乐文化植入企业生存的根基，而文化一旦形成，是任何竞争对手都无法复制与模仿的，腾讯准确地把握了企业文化的脉搏。

（2）开放包容

互联时代是一个互联互通的商业民主时代，是一个你中有我，我中有你，相融互动、彼此相依的有机生态圈时代。开放、包容是互联网思维的基本特征，首先，企业内部要拆掉部门墙、流程桶，真正面向客户一体化运行；其次，企业在外部要从封闭走向开放，要从单一竞争走向竞合；最后，在文化价值诉求多元社会和组织中，要允许不同价值诉求的表达，要能包容挑战、质疑和失败，建立跨文化的沟通与交流机制，基于公司使命和愿景凝聚不同背景，不同价值诉求的人共同为客户创造价值，为企业的战略目标做贡献。

另外，无论是传统企业还是互联网企业都需要有一种有包容性的文化，首先，包容性体现在要包容个体的差异性。由于每个个体都是独立的，他们看问题的角度、价值观以及利益诉求都不同，这时就需要企业文化尊重和理解个体的独立性，并应积极吸纳每个子文化个体的优点，进而推动整个组织运行效率的提高。其次，企业文化要包容变革。企业要自我颠覆，就要进行变革。在产品生命周期变短的今天，互联网企业的生命周期也在缩短，互联网企业若想由衰败走向重生，就需要自我颠覆，企业就需要变革。变革运动就要求企业包容变革。一个害怕失败畏首畏尾的企业是无法进行彻底的变革的。

（3）用户至上

互联网打破信息不对称，使得信息更加透明化，用户获得更大的话语权。在新的形势下，要求企业在更高层面上来实现“以客户为中心”，不是简单地听取客户需求、解决客户的问题，更重要的是让客户参与到商业链条的每一个环节，从需求收集、产品构思到产品设计、研发、测试、生产、营销和服务等，汇集用户的智慧，企业才能和用户共同赢得未来。例如小米公司将“用户”变成“选民”，并将他们被压抑已久的参与感、平等感释放出来。有人说，“小米品牌是雷军与合伙人、用户一起玩出来的”。这是小米胜于其他对手的撒手锏，也是互联网思维和互联文化最生动的实践。早期的 Uber 和滴滴打车为了获得市场份额也进行了比拼，相继给用户更好的体验，通过用户的体验来决定两家公司的生死。现如今市面上流行的“小蓝杯，谁不爱”的瑞幸咖啡“烧钱”来让用户体验自己的咖啡，从而吸引顾客、留住顾客，获得市场上较好的口碑。这些互联网以及“互联网 +”企业的做法都体现了用户体验的重要性。因此，用户成为了互联网时代最重要的利器，互联网企业若想获得良好发展，需要维系好客户关系，让用户变成企业的朋友。

由此可见，互联网企业组织文化的有无对企业自身的发展具有重要意义，优秀的企业文化有利于企业的长远发展，消极的企业文化则会阻碍企业组织功能的实现。因此，互联网企业现应加强企业组织文化建设，提高企业的核心竞争力。

3. 互联网企业整体管理特征

（1）内部紧密互动

信息时代，互联网技术的普及方便了企业内部的员工交流，提高了沟通的有效性。微信团队为各大企业开发了企业微信功能，企业内部人员可以通过该功能实现公司内部的交流互动，提高工作效率。同时，腾讯开发了 TIM 软件方便企业内部人员沟通交流。内部互动式的管理特征既可以降低工作压力也可以通过互动交流来获得实际的工作经验，建立起可复制的企业人才培养模式。

（2）去中心、去等级，关系简单化

互联网企业的组织结构逐渐由早期的金字塔结构过渡到现在的扁平化的组织结构，现在也出现了为各个员工赋能的平台型组织结构。组织结构的改变使得互联网企业关系更简单化。罗辑思维创始人罗振宇认为：“未来的互联网社会，应该是以人为网络节点、各个小社群相互连接的托普组织结构。从全局上来看，就是无中心化、无权威化、无固定组织形态的结构。”他认为在互联网的运行中，企业能够去中心化，每个人都能够充分发挥并施展自己的能力。

陈春花教授在由《中国企业家》杂志社、木兰汇公益基金会主办的全球木兰论坛暨2018（第十届）中国商界木兰年会上讲道：“在大多数情况下，大家可能会比较关心怎么去做管控，但是我今天要提醒各位，其实管控的时代已经过去了。”这就意味着互联网企业应该从“高度集权”转为“分权制衡”，让中高层管理者站位前移，将领导者权力进行分散，赋予每个员工相应的管理职能，提高管理效率，在互联网的下半场能够将大量用户转化为顾客。

4. 互联网企业运营管理特征

（1）个性经营

互联网时代既是信息过载的时代，又是产品过剩的时代。这种产品选择过剩使人们淹没在选择的海洋里。但是人的个性特征是突出自己，展现自我个性，因此在对产品进行设计、研发时，要把握个性化，通过个性化来吸引顾客。互联网的出现可以使得终端消费者和制造商之间建立直接的联系，企业可以获得更准确的客户需求信息，在一定程度上减少“牛鞭效应”带来的影响。

（2）用户参与

用户思维是互联网思维的核心，其他思维都是围绕用户思维在不同层面的展开。互联网时代，要让用户成为主导者。因为互联网让用户参与平台交流的方式变得更为简单，用户们可以对整形项目提出各种意见，消费者的喜好、反馈可以很快地通过网络来反映。从某种意义上来说，决定效果的并不是制作团队，也不是设计团队，而是用户，每位顾客都是设计师，让用户参与进来，才能使自己的产品更接近用户。

小米公司为每个用户打造了交流社群——MIUI，用户可以在该社群进行信息交换、手机功能测试、交流商品体验感。当出现有价值的建议时，小米公司会将用户意见考虑在内对产品加以改进。这种社群模式方便了用户的交流，用户体验到自身被尊重，也会提高对品牌的忠诚度。这种“用户至上”“平民化”的管理特征让小米公司在互联网企业中脱颖而出。360 公司董事长兼 CEO 周鸿祎在其《我的互联网方法论》中提到“用户至上”是互联网思维的根基，这种管理特征与中国共产党的“全心全意为人民服务”的执政理念不谋而合。

（3）迭代迅速

在互联网环境下，内外部环境瞬息万变，用户需求不断更新，产品生命周期缩短，国家政策和国际环境的不断变化对互联网企业适应新的环境提出了较高要求。因此，想要在互联网环境中占有一席之地，互联网企业必须快速适应用户需求和市场变化，加快产品的研发和更新进度。

5. 互联网企业人力资源管理特征

互联网产业是最近十几年才出现和发展起来的新兴行业，其发展速度和巨大变化令人惊叹，经过十几年的高速发展，国内互联网企业在商业模式和运营管理方面都发生了巨大变化。而且随着社会经济的不断发展，企业人员的管理也渐渐地从人事劳资管理转化成为对人才的重视和培养，以及以人为本的资源管理。

换句话说，从传统企业到互联网企业，其性质发生了质的飞跃，比如传统企业的信息不完全、信息不对称等都会造成大量人才的流失。而在互联网企业中会减少这种情况的发生。另外，互联网企业从业人员“80 后”占据大多数，个性鲜明，独立性强，传统行业的管理方式已经不再适用。企业需要把人力当成组织中最大的资本，当成能带来更多价值的价值来对待，尊重人、理解人、关心人、爱护人、帮助人、造就人，这是实施一系列人力资源管理工作的前提所在。

（1）互联网企业独特的人才培养机制，重视后备人才的发掘和培养

互联网是发展迅速、流动较大的行业，且企业招聘的大都是新一代的年轻人，工作经验较少，而互联网本身的发展又很快，无论是在技术还是在商业运作方面都有许多创新之处，为了让员工能跟上企业的发展，必须加强员工培训力度。有人对市场上的互联网企业进行了调查，结果发现这些人力资源部每年需要面试超过三千人，它意味着每天互联网企业都需要招聘一堆员工，也意味着互联网企业员工的流动性太高，所以要合理规划招聘人才。一般情况下，互联企业招聘和培养的人才需要具有一定的创新性，能够利用互联网技术，创造出新的产

品、服务，并由此创造新的商业运作模式。邓康明认为，“阿里巴巴公司最重视的就是个人态度、个性和个人习惯，公司更看重员工的软素质，员工能力再强，跟公司的理念不一样，也是不招聘的”。阿里巴巴公司是一个大型公司，它们很重视如何选拔人才，有一套独特的价值观匹配制度。因此，互联网企业需要做好人才规划，可以通过轮岗、破格提拔、脱产学习等方式对目标人群进行管理意识和管理技能的培训。此外，还可以设计职业生涯通道，例如技术、专业、管理等不同序列，员工能够看到在企业内部发展的空间，将个人发展与企业发展捆绑在一起。

（2）互联网企业个性化和人性化的管理方式

首先，与传统企业不同，互联网企业人力资源管理不能只是对员工进行一种规范性的管理，HR 转变传统思维，将工作核心由关注岗位转到关心人，进而触发、激励、组织人；其次，为了更加适应企业的成长，为企业发展做贡献，了解公司的业务需求及发展，并从公司高层的角度进行思考，从而预见问题并提前行动；最后，HR 部门要积极主动对人员进行培养及提升，建立情感统领性，解决内部冲突、阻力，帮助组织内的小微群体成长。

而且，在企业的内部和外部激发人，产生的信息、动力及效率，鼓励员工抓住可能的机会，看重员工对自我价值的挖掘，因此会出现有活力的小微组织，比如海尔的创客实践。此时，人际之间的社交、沟通、情感交流更为重要。并且，工作开展不再限于岗位要求，而是基于每个人的能力去打造有战斗力、凝聚力、有奋斗精神的团队。随着组织的变革和互联技术的发展，员工掌握着核心的知识和技能，已不再使用原先 KPI 考核等规范性管理。因此，公司开放性的管理，不能封闭自己，而要让员工进入企业这个大平台，大家一起成长，让员工有额外的成长、额外的付出，从而实现个人和企业的共同成长。

（3）人力资源数据化管理

互联网使得人力资源管理基于数据，并用数据说话和决策成为可能，使人力资源价值计量管理成为提升人力资源效能管理的有效途径。人与组织之间、人与人之间的互联互通累积、集聚的巨量大数据为人力资源的程序化决策与非程序化决策提供了无穷的科学依据，人力资源管理真正基于数据并用数据说话。通过互联网和大数据系统可以对组织的价值创造过程及经营绩效进行客观公正的定量化评价，使人力资源的价值计量化管理成为可能。

（4）转变管理者的角色

在传统人力资源管理模式下，管理人员往往一人专制，没有体现出员工的价值，这对于员工和企业的未来发展都十分不利。在互联网企业中，无论是管理者还是员工的角色都发生了变化，管理者不再专制，管理者要充分融入到员工内部，而员工也不再是被动听话，员工有绝对的发言权和参与权，员工可以参与到企业重大事件决策中，这也有利于员工明确未来发展方向，实现自身发展目标。

以上四种人员管理方面的转变，与传统的人力资源管理产生了极大的差异，有些互联网企业在组织结构、招聘等问题上也会发生改变。其实，互联网时代人力资源的变化，核心还在于人的变化，人的需求多元化个性化、人的流动频率加快、人对组织的黏度降低、人的价值创造能力能够放大，小人物能够创造大价值。这些变化要求组织重新审视人这个最重要、最核心的资源，真正从人力资本至上角度重构管理理念和模式。这些都要求互联网企业随时关注当今市场的变化，并对人员管理根据需求的变化而做出及时的制定建议，找到和企业的价值观以及符合上级管理思想的人才，从而为企业保持长期的竞争优势获取有利的资源。

三、互联网企业成长中高管胜任力结构探析

互联网企业迅速发展的原因是由于它信息传输的速度更快，资本的利用效率更高，利润转化率也就更高。另外，它的虚拟性比传统行业的企业更高，所以更容易迅速膨胀，同时遇到危机也更容易衰退。这对互联网企业的高管领导力与胜任力提出了更高的要求。

（一）互联网企业的领导力特征

互联技术的飞速进步，手机及其他连接到网络的移动终端快速激增。在我们消费媒介、组织数据和互相通信的过程中，这些设备一直是各种变化的催化剂和临界点。随着技术和设备在商业和社会中不断出现的创新应用，特别是个体（创造、共享、传播、消费）价值的凸显与变化，互联时代的商业经营环境呈现了和

以往任何时代都不一样的特征，如用户消费个性化、环境的易变突变性、创新的极速性、跨界经营性、创业广泛性等。这种商业竞争环境巨变、个体价值崛起、创业与新商业模式的涌现当中，依托互联网行业而崛起的互联网公司无疑是其中最为闪亮的商业新星，比如 BAT 公司、谷歌公司、亚马逊公司、京东公司、小米公司、滴滴公司等。这些企业不仅适应了时代需求与商业环境，而且其领导和管理亦和传统的工业企业有明显的不同。它们体现了互联时代企业组织与领导的新生态甚至正在呈现的新范式。管理作家 Baker 在《同级管理》一书中指出：技术和媒介消费的根本性转变已经模糊了组织内部沟通的界限，这反过来又模糊了领导者和追随者的界定，他们用来沟通的媒介和信息之间的区别也日渐变小。基于这些角色的传统领导模式和现行范式已经不再适用于当今世界。那么，互联网企业乃至互联时代的企业领导者应当具有怎样的领导力特征，来引领新时代的商业组织竞争、变革与发展？我们权且观之、论之。

1. 擘画愿景文化引领

随着互联技术的普及，员工与组织、员工之间、员工与社会的深度互联给个体带来的变化主要体现在它建构了一个多元沟通表达、多元机会创造和多元行动展示的情境，这个情境相比过往的组织和社会的外部环境更具有包容性、自主性、依赖性、平等性和易变性特征。另外，依托互联网而创生与发展的企业其技术与模式、生产和营销都呈现快速变化、迭代创新的经营特征，这种经营特征所对应的人才主要是新生代的知识工作者。互联时代下知识型工作者与传统工作者不同，他们更加注重创新，自主性强；他们不再是单纯地追求物质的回报，而是更加注重工作的事业价值以及个体自我价值的实现；他们追求自身利益和价值的平等化、个性化的实现。

商业组织环境与人才结构的变化要求互联网企业的领导要善于发挥文化领导力的作用，能不断开启梦想和愿景，让组织的员工或下属站在未来看现在，知道未来自己到底想要在一个怎样的组织，成为一个怎样的个体，产生什么与众不同的价值，创造出怎样与众不同的产品，从而驱动自己自动自觉自发地努力奋斗。领导者要善于构建和运行有平等、包容的协作性组织文化，激活个体工作主动性，激发工作创造性。谷歌公司领导者在这一文化建设方面做出了典范，它提出并践行了“20%的工作时间制度”，体现了平等、开放、协作的精神。这个制度规定员工工作时间的20%可以由自己分配任务——可以自设项目并邀请合伙人，可以参加其他人发布的20%时间项目。Google的很多创新产品比如Gmail、Gmap就出自20%时间制度。

高层管理者还要扮演好“文化牧师”的角色，布道文化建设与组织变革。领导者必须以对宗教般虔诚态度和“布道者”的苦行精神培植企业文化的“信徒”，对所提倡的文化精神进行大力宣传、引领，通过日常谈话、特殊庆典、大会小会反复讲述和灌输，同时率先垂范，躬身实践、通过“布道”，在每个员工的心中播种变革的“种子”，影响员工的思想意识、价值观念，增强互联网企业组织的向心力和凝聚力。

2. 合作伙伴教练式领导

传统企业中，管理者与员工之间处于统治与被统治的局面。领导者拥有决策权、管理权，员工只能按照上层的指示行事，缺乏自主性和创新性。今天，互联网的发展逐渐打破了传统的员工关系。员工思想的变化以及其在企业中日益重要的作用使得领导者不得不重新审视两者之间的关系，必须改变命令与服从、主人与附庸这种不平等与威慑性关系，代之以平等性、伙伴性关系，从权力命令和资源输入性领导转换为教练赋能与合作共享性领导。

具体而言，互联时代的员工能力成长多元、信息获取渠道快捷，这不仅提升了其自身的人力资本价值，而且激发其成就个人价值的成就欲。员工信息主动权大大增加，每个员工都是媒体，是信息的发送者和接收者。员工不再把自己当作是企业和组织的附属品，认识到了自身的价值，开始积极主动地参与公司的决策。并且员工开始注重自我价值的实现，单纯的经济物质报酬已经满足不了员工的要求，员工开始越来越重视工作的满意度和满足感。另外，互联网企业又是高度的知识和技术密集型企业，其核心竞争力几乎完全依赖于员工的不断创新，带来的新产品、新服务的竞争力。在这种形势下，互联网企业的领导者必须把每个组织成员视为共同创业、共同发展的“事业伙伴”而不是领导者业绩与晋升的铺路石，必须将自己视为员工成长的“教练”，在业务合作中，为下属输入“成长能量”，在共同合作中，促进员工能力和责任承担的“双提升”。

在与下属结成合作伙伴，并进行教练式赋能领导中，要培养员工的“自我领导”能力与习惯。领导赋予员工足够的权力并为他们配备足够的资源，让他们能够自主掌握用户需求变动、自主进行决策、自主开展创新活动并将创新后的产品和服务提供给用户。这正是一种让员工自己“发现并设定目标，并通过自身努力

实现目标”的过程。海尔的“人人都是 CEO”、华为的“让企业充满奋斗者”都是培养员工自我领导的良好案例。

3. 良好的互联网思维

在 2018 年 12 月第六届中国企业新媒体年会上，著名企业家中国建材集团党委书记、董事长宋志平在演讲中深度分享了他对互联网思维的理解和应用互联网思维改变企业经营与领导的见解。他说：“互联网不只给我们提供了一个工具，更重要的是提供了一个互联网的思维。互联网给我们最大的影响还不只是互联网本身，关键是它改变了我们的思考方式，改变了企业的运营方式。”他以中国建材集团一个水泥厂运营智能化改造效果为例指出用大数据、互联网和智能化可以大大提升运营管理的效率，节约了成本，提高了效能。可见，互联网思维不仅是互联网企业的利器，也是传统行业“互联网 +”的必备功课。作为互联网企业的领导，良好的互联网思维是其领导力的必备之能。

互联网思维包括的要素非常多，按照《互联网思维——独孤九剑》作者赵大伟的总结，互联网思维大致是流量思维、跨界思维、平台思维、极致思维、用户思维、简约思维、大数据思维、迭代思维、社会化思维等。作为企业领导者主要要把握好跨界思维、平台思维、用户思维、大数据思维等。就跨界思维而言，领导者要善于通过跨界跨组织的学习激发组织创新。领导者要善于通过让组织成员参与一系列跨越组织边界的学习交流活动，打开视野，激发灵感与热情，并结合自身的工作，探索出创新性的问题解决方案，从而为组织创造价值。在跨界融合趋势下，企业在市场上找不到企业跨界发展需要的现成人才，使得“跨界人才”成为了一种稀缺资源，领导者要善于发现和培养跨界人才，将其吸引和培养成为企业跨界发展与跨界领导的中坚力量。领导者必须具有平台思维和平台领导能力。互联网在本质上就是一个能够提供相互交流沟通，相互参与的互动平台。因此，领导具备开放性的平台互动的思维是互联网思维的重中之重。领导应该把握开放互动平台战略的内涵，准确地制定平台战略实施方案。实施平台战略首先需要找准自己在市场中的定位；其次要构建开放性的平台，集合产业各方共同参与，实现跨界融合；最后注重用户体验，聚集人气。在大数据时代，越来越多的企业经营者开始体会到数据带来的便利，并且对于企业的经营管理方式进行改革。以数据为标准，对所获得的数据样本进行分析整理，领导者可以更加清晰地掌握消费者对于产品的使用情况、满意度、产品销售业绩、适用人群以及竞争对手的经营状况等，从而更加具有针对性地对决策进行调整，避免了主观情绪的影响，使得决策更加客观准确，减少了企业因决策失误而带来的损失，规避了许多决策误区和风险。因此大数据的决策方式和决策系统必然会受到越来越多的企业领导者与管理者的青睐，数据也将能够完全取代传统的决策依据，成为当今乃至未来企业决策的根本依据。

4. 创新与变革的企业家精神

互联时代的商业经营特别是互联网公司成长和发展一个非常鲜明的特点便是成长也快，停滞也速；成名也快，名落也速；成功也快，失败也速。它们可以凭借优秀的技术感知、良好的商业模式、紧扣用户痛点的产品设计和恰当的资源导入，迅速成长壮大甚至“一夜成名”，成为行业的翘楚。然而，这些公司如果不能尽快走出自己过去成功的模式，进行快速迭代，创新停滞，不能建立或对接良好的商业生态，不能持续推动企业家型企业成长，那么这样的互联网企业只有两种命运，要么被收购兼并，要么关门倒闭。我们所知的许多互联网企业，比如早期的 8848 网站、贝塔斯曼公司、Globe. com、凡客诚品，近年来疯狂创业的各类 APP 应用公司（比如单车、互联网金融、其他各类生活服务类应用），都呈现快速创生成长然后是快速衰败，而且互联网公司是一个特别烧钱的公司，许多投资者也因此破产。另外，那些经历过若干次互联网高速发展泡沫与寒冬，但存活下来的企业，它们也有许多共同特点，其中创始人及其团队具有足够强大的冒险与可持续创新的企业家精神，比如马云及其创业团队、雷军及其小米团队、赵迎光与韩都衣舍团队等。

互联网经济的持续推进，从根本上有赖于企业家精神这一稀缺资源要素的培育和塑造。对于互联网经济来说，企业家精神就是个人特性、适应环境、行为价值的有机统一，其践行将成为互联网时代的常青藤。企业家精神的核心便是习惯变化、冒险创业和勇于创新，这些都是互联网企业对高管领导力的要求。首先，领导者要适应变化，推动变革。管理大师德鲁克说过：“无人能够左右变化，唯有走在变化之前。在动荡不定的时期，变化就是准则。但是，只有将领导变革视为己任的组织，才能生存下来。”面对巨变时代的商业经营环境，领导者必须做出选择，是选择对现有的领导和经营模式进行修补调整的“改良主义”，还是选择打破思维、打破常规、破除利益阻隔、破除组织刚性的颠覆式变革。其次，要善于打破边界聚焦人才，不断创新。“让每一个才华，每一个智慧，在世界任何

空间绽放”，这是互联网赐予世界上每一个人的礼物，互联时代领导接受礼物的最好方式就是开放式创新。领导的开放式创新思维就是在互联互通的互联时代以互联互通的方式，开放共享的态度，变革的决心迎接挑战、面向未来。领导者要努力创造与外部共享、联盟合作、互动创新的平台。领导是一个动态的过程，领导有效性是领导者、被领导者、环境相互作用的函数。在互联互通的网络环境下，把用户对于产品的意见反馈资源、实现相应技术的企业内部技术资源以及来自企业外部和高校研究机构的研发资源聚集在一起，滋养企业研发与创新。最后，领导者必须始终保持企业家的创业精神。领导作为一个企业的领头人要关注互联时代的新变化，牢固树立开放式创新的思维，抓住机遇迎接挑战。企业家的创新意识和开拓精神是实现资源的优化配置的关键。对此，要求互联网公司领导要做到：拥有勇于冒险、敢于失败的企业家精神；营造主动分享、容忍失败的氛围；塑造开放共享、联盟合作的外部互动式创新的界面。领导者有企业家精神的担当，必须敢于打破过去成功的铁律，冒着变革失败的风险，才能承载互联网获得竞争力的使命。

（二）互联网企业高管胜任力结构探索

互联网企业特别是智能互联时代的互联网企业，它们的业态结构、商业模式、核心竞争力、员工工作特性、成长速度等，显然与工业社会有很大的区别，这决定了互联企业的高层管理者必须具有与之相适应的领导与管理能力。而对于那些欲成为互联网企业中业绩卓越或欲图塑造成为互联网技术与应用领域的领先或卓越的企业，高层管理者应具有何种领导与管理的胜任力结构，并能够展示与成就这些胜任力绩效则显得更为重要。

1. 互联网企业高管胜任力研究概述

随着互联网企业成为互联时代最耀眼的企业群体，越来越多的研究者开始聚焦研究互联网公司乃至更为广泛的互联时代条件下企业的管理者/高管领导的胜任力。郑晓丹（2015）认为，互联网给企业带来了许多新的思维，如互联网思维、用户至上思维、共享经济思维，不同的思考方式也给企业的管理模式带来了新的挑战，企业高管需要在不断更新迭代的互联网中更新自己的管理制度，适应互联网带来的管理变革，进行管理创新。Gabriele 等（2018）提出，物联网背景下的新颠覆性技术正在改变组织内管理知识的方式，而内部知识管理能力的发展又是企业创新的前提。所以，高管需要提高内部知识管理能力并建立与互联网时代相适应的组织文化。在互联网企业高管和管理者胜任力结构研究方面，廖钱波（2012）把我国互联网中层管理者胜任特征素质按照回归分析显著性排列包括成就驱动、人际理解与沟通能力、团队管理与领导能力、组织协调、创新思维以及应变能力六个方面。马宽（2016）研究了互联网企业中层管理者胜任力模型，提出该模型包括互联网思维、虚拟团队管理、资源整合和个人特质四个维度和20个具体指标（见表6－3），充分体现了行业特征，为互联网企业运用胜任力模型对中层管理者进行人才管理提供了可靠的依据。

表6－3　互联网企业中层管理者胜任力模型

因子	胜任力
互联网思维	用户导向
	网络营销
	热爱互联网行业
	大数据分析能力
	关注前沿科技
	商业模式变革
虚拟团队管理	团队氛围营造
	团队构建与维系
	激励能力
	信息共享
	以身作则
	快速决策
资源整合	战略规划
	资源配置
	协调能力
	创新能力
个人特质	成就欲望
	持续学习
	敢于挑战
	职业忠诚

资料来源：马宽．互联网企业中层管理者胜任力模型构建与实证研究［D］．浙江师范大学硕士学位论文，2016：37.

曹建彤等（2017）将我国 IT 企业领导者划为优秀组和普通组，通过行为事件研究比较分析发现他们在团队管理和领导能力、组织协调能力、人际理解与沟通能力、洞察力、专业能力、决策分析能力、领导魅力、成就驱动、智力激发、个性化关怀等方面存在显著差异，并进一步将其提炼为领导魅力、成就驱动、智力激发、个性化关怀四个因素，并进一步构建出符合 IT 企业特征的领导者胜任力模型（见图 6－2），包括个人特质、管理能力、专业能力三个维度，其中个人特质包括领导魅力、成就驱动、智力激发、个性化关怀，管理能力包括领导能力、沟通协调、团队建设，专业能力包括战略能力、专业知识、信息处理能力、决策能力。

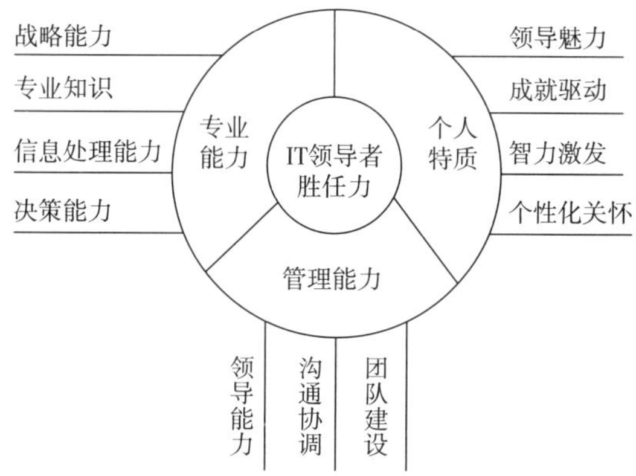

图 6－2 符合 IT 企业特征的领导者胜任力模型

资料来源：曹建彤，楚秀如，刘丹．中国 IT 企业领导者胜任力模型及其对企业绩效的影响［J］．北京邮电大学学报（社会科学版），2017，19（2）：44－55.

周亮（2018）把互联网企业高管胜任力划分为 5 个模块和 22 个指标（见表 6－4），即计算机专业知识、人力资源管理知识、产品运营能力、网络策划能力、市场推广能力、用户数据分析能力、下属培养能力、组织协调能力、员工激励能力、危机处理能力、传媒行业资源对接能力、产品战略规划意识、商业模式可行性分析能力、市场前景预判能力、同行合作竞争意识、商务沟通能力、项目路演能力、社会公关能力、融资谈判能力、集体意识、自我学习提升意识、抗压能力。

表 6－4　海南省互联网企业高管胜任力指标体系分类结果

胜任力维度	胜任力指标
知识技能	计算机专业知识、人力资源管理知识、产品运营能力、网络策划能力、市场推广能力、用户数据分析能力
管理能力	下属培养能力、组织协调能力、员工激励能力、危机处理能力、传媒行业资源对接能力
战略意识	产品战略规划意识、商品模式可行性分析能力、市场前景预判能力、同行合作竞争意识
语言能力	商务沟通能力、项目路演能力、社会公关能力、融资谈判能力
个人特质	集体意识、自我学习提升意识、抗压能力

资料来源：周亮．海南省互联网企业高管胜任力研究［D］．海南大学硕士学位论文，2018：24－25.

2. 互联网企业高管胜任力结构探索

从胜任力基本理论、管理者胜任力与企业成长关系，和当前有关互联网企业管理者、创业者胜任力研究出发，结合我们对阿里巴巴、小米、韩都衣舍、滴滴、谷歌等互联网公司企业家及其管理团队的认识，我们认为互联网企业高管除了要精通本企业互联网业务，具有行业业务胜任性外，其通用性（工作角色）胜任力包括：基于互联网思维与创新的概念思维胜任力、基于资源用户与平台生态的战略整合胜任力、基于平台团队的组织协同胜任力、基于共享愿景和伙伴激励的领导沟通胜任力，在鉴别性（个体潜能）胜任力方面主要包括：高成就动机与创业胜任力、快速学习与转化胜任力、悦纳变化与灵活应变胜任力。

互联网企业高管的通用性胜任力表现在以下四个方面：

（1）概念思维胜任力

作为企业的领导者，良好的概念思维技能是高管必备的胜任素质，更是优秀领导者应具有第一位的胜任力。无论是互联网企业还是其他行业的企业，其优秀高管都必须塑造或应用该胜任能力。但就互联网企业高管来说，它们的概念思维胜任力有其特定的内涵和相应的指标维度。从其内涵来说，互联网企业高管概念思维胜任力指的是高管具有高超的商业和技术的互联网思维洞察力和创新力，并将转化为高价值的战略决策。互联网思维无疑是这个时代企业互联网战略（转型），特别是互联网公司战略发展的高频词汇。综合许多互联网企业家观点和相关研究，互联网思维的核心包括跨界颠覆思维、大数据思维、用户（体验）思维、创新迭代思维、平台生态思维、共生协同思维等。互联网企业在某种程度上来说也是一个“吃青春饭”的企业，这类企业必须具有强大的互联网思维“大

脑”、快速学习适应变化的青春活力、竞争与创新的激情，才能让企业适应动态复杂、快速变化的行业生态与竞争环境。互联网企业的高管必须具有优异互联网思维的洞察能力，还必须善于将上述思维与企业的“可挑战性”的能力和资源有效连接，产生可以快速转化的高价值决策方案。互联网企业高管概念思维胜任力指标结构如表6-5所示。

表6-5 互联网企业高管概念思维胜任力指标

概念思维胜任力内涵	一级指标	二级指标
高超的商业和技术的互联网思维洞察力和创新力，并转化高价值决策	互联网思维洞察力	跨界颠覆思维
		大数据思维
		用户体验思维
		创新迭代思维
		平台生态思维
		共生协同思维
	转化创新与决策力	快速吸收能力
		理念提炼能力
		转化创新能力
		决策运行能力

（2）战略整合胜任力

就战略管理而言，互联网企业发展的鲜明特点在于企业的战略模糊但又明确，从数据、用户出发连接资源并整合搭建生态平台。互联网企业发展所要争夺的资源就是用户基础（流量）、数据平台、用户的黏性程度和共生价值资源。以阿里巴巴的发展为例，其早期的互联网业务与战略是搭建企业用户互联网交易、B2C交易、C2C交易的平台，获得企业和消费者（用户）的大数据，成为互联网流量数据王，而在移动互联网来临之前，从2008年金融危机前后开始，阿里巴巴已经从塑造交易平台、搭建资源互通的战略，开始了云数据、跨边界资源整合、与实体深度融合的战略。可见，竞争力强的互联网企业其围绕数据、互联技术开发和商业扩展的战略总体方向是明确的，但其战略规划、战略目标、战略行动都具有相当的模糊性和顺势而变性。互联网企业的这种战略特征要求公司的高管具有合于vuca商业环境［vuca是volatility（易变性）、uncertainty（不确定性）、complexity（复杂性）、ambiguity（模糊性）的缩写］的战略整合胜任力，这种胜任力的核心蕴含是适应 vuca 商业环境，善于把握资源、用户和机会变化，做战略锚定，能够将企业战略能力、潜在机会、资源动员性有效结合使企业保持战略柔性的能力，能快速有效地整合连接资源，实现企业跨边界整合与跨边界竞争力的形成，善于打造或接入生态平台，形成平台竞争力。互联网企业高管的战略整合胜任力就是让企业保持具有基于资源用户与平台生态的战略动态竞争力。互联网企业高管的战略整合胜任力指标结构如表 6－6 所示。

表 6－6　互联网企业高管战略整合胜任力指标

战略整合胜任力内涵	一级指标	二级指标	说明
适应 vuca 商业环境，善于把握资源、用户和机会变化。做战略锚定，能够将企业战略能力、潜在机会、资源动员性有效结合使企业保持战略柔性的能力，实现企业跨边界整合与跨边界竞争力的形成，善于打造或接入生态平台，形成平台竞争力	战略锚定与动态调整胜任力	机会与态势研判能力 目标设定胜任力 战略冲突调整能力 塑造战略柔性能力	
	跨边界资源整合胜任力	跨界项目识别与储备能力 跨界资源搭建能力 跨界资源整合协同能力 战略资源高效利用能力 战略伙伴合作能力	
	平台生态搭建胜任力	平台生态范围规划能力 战略生态的构建与培育能力 平台战略的可竞争能力 平台生态的社群影响能力	互联网时代，平台生态战略成为企业最前沿的竞争逻辑。生态圈合作企业的用户共享和价值创造形成稳定的企业生态系统

（3）组织协同胜任力

在工业化时代的企业或者就传统的组织管理而言，企业组织工作是结构化、层级化、可分割的，企业组织的动员力来自于法理权力链条、资源控制、科层分工和制度安排。企业的领导者就是这种动员机制的岗位“化身”，领导者胜任力在于获得法理权力后，能够恰如其分地应用好这一机制，组织领导下属发挥各自能力高效出色地完成企业分解的 KPI 目标，同时协调好不同部门和不同资源之间

的相互支持，有效运行。但是，互联时代的企业特别是互联网企业的组织管理特性与此完全不同，从前述的互联网企业的成长与管理特征我们知道，互联网企业的组织边界越来越模糊，内部组织结构随着“去中心化”的出现变得越来越团队化、社群性，组织发展需要的资源越来越依赖外部并且具有随时（紧急）动员性质，领导者的组织与命令依托法理权力的力量越来越淡化，依靠信任、契约、共生利益等非权力性影响力的情形越来越多。这种变化对互联网企业高管组织胜任力提出了新的要求，即使从名称上看，企业高管的组织方面的胜任力也从“组织协调”变为“组织协同”，强调协同的原因在于“随着互联网的出现，尤其是今天智能技术的出现以及数字化技术的出现，我们会遇到一个非常大的挑战，这个挑战就是管理的效率应该不再来源于简单的分工、分权、分利，而是来源于各种协同……作为管理者来讲，我们是不是能够基于整个系统、整体价值来发挥共同的协同效率，而不是只考虑到局部的利益，这样的要求对管理者提出更大的挑战”。进一步地，互联网企业高管的组织协同胜任力的要义在于企业高管善于基于组织环境、内部能力和组织任务特征，审时度势地进行快速、科学的架构组织与（虚拟）团队形成平台化组织，能够有效动员各种资源与能量快速打造组织与团队的竞争力，善于开放性地连接外部组织，善于化异求同协调沟通，并使内外部组织与团队协同一体，取得卓越业绩。互联网企业高管组织协同胜任力指标结构如表6－7所示。

表6－7　互联网企业高管组织协同胜任力指标

组织协同胜任力内涵	一级指标	二级指标	说明
审时度势地进行快速、科学的架构组织与（虚拟）团队形成平台化组织，打造组织与团队的竞争力，善于化异求同协调沟通，并使内外部组织与团队协同一体，取得卓越业绩	组织与团队架构胜任力	环境资源与人力组织能力 高效组织设计能力 团队规划设计能力 组织与团队的平台支持能力	
	组织与团队竞争胜任力	资源的动员力 高效制度设计与执行力 团队文化塑造力 团队激励能力	
	跨边界组织协同胜任力	跨边界资源搜索获取能力 跨边界组织协同设计能力 跨边界组织协调运行能力	

(4) 领导沟通胜任力

无论是工业时代还是互联时代，领导依然是一个组织运转的中枢，尽管许多人在争议互联网组织要践行管理“无领导”，但这种无领导更多的是一种要进行领导变革、组织变革的形象宣示，意在指向颠覆过去权威领导、领导中心主义、层级命令式领导、交易型领导等领导类型与风格，重新定义领导。这在前文已经论述，此处不再赘述。互联时代的信息技术、不确定性竞争环境、产品与商业模式的迭代性、组织的去中心化、用户价值凸显、员工与组织关系变化等领导发挥权力或影响力的环境巨变，必然要求领导（者）的领导沟通胜任力的结构做出变革。进一步而言，互联网企业的高管作为互联时代领导的代表，其高管的领导胜任力结构应该具有四个主要特性：共享愿景、赋能激励、智慧沟通、平台领导。第一，就共享愿景而言，高管应当善于建构融合组织、下属、商业伙伴甚至用户的共同愿景，并善于将其共享到组织/团队，使成员感受到共同利益、共同事业的价值与意义，激发所有成员的共同体意识、信任感和目标追求。第二，成为成员与下属的能力成长的教练与共享愿景/目标的合作伙伴，能够为下属的能力成长与业绩达成进行行动赋能，激活下属的工作活性与动能。第三，善于基于最新的沟通技术、工作关系、沟通情境，搭建顺势、高效、平滑、有亲和力的智慧沟通平台与管道，化解冲突，发挥高效沟通的影响力。第四，善于进行跨组织、跨边界的合作沟通，聚合一切资源，以平台的愿景、事业关系、制度方案、治理关系等打造和发挥平台价值领导力。

基于此，互联网企业高管的领导沟通胜任力核心含义在于高管致力于构建和有效共享组织与团队的愿景，行动示范形成感召力，激发共同体意识与主动性，善于利用多种方法手段进行赋能激励，激活成员创造力，善于型塑和发挥平台聚合引领作用，跨界凝聚与激发利益相关者的能量。由此含义出发，其高管领导沟通胜任力的指标结构如表 6-8 所示。

上述四种高管胜任力是任职互联网企业高管工作角色，成为优秀高管应当具备的工作职位的通用胜任力，这些通用胜任力的形成与运行，除了需要互联网企业整体的商业与管理模式、制度与组织设计外，还需要高管个体自身胜任力的支撑。换句话说，互联网企业高管胜任素质“水面”以下隐性的个体特质与能力至关重要。我们将其称为“个体鉴别性胜任力”，主要指互联网高管具有适应互联网行业风险压力与快速变化，具备企业家精神，成为出色的互联网企业高管的

表 6 – 8　互联网企业高管领导沟通胜任力指标

领导沟通胜任力内涵	一级指标	二级指标
致力于构建和有效共享组织与团队的愿景，行动示范形成感召力，激发共同体意识与主动性，善于进行赋能激励，激活成员创造力，善于型塑和发挥平台聚合引领作用，跨界凝聚与激发利益相关者的能量	愿景追随胜任力	共同愿景构建能力 愿景共享转化能力 利益共同体塑造能力 领导行为感召力 过程追随力
	领导激励胜任力	目标激励能力 事业平台激励能力 赋能激励能力 综合激励能力
	平台沟通胜任力	沟通信息场景化能力 沟通时机把握能力 冲突化解能力 平台关系凝聚能力 平台沟通制度化能力

胜任特质与能力。根据对互联网行业企业家和管理者的案例分析，我们认为这些特质与能力主要包括高成就动机与创业胜任力、快速学习与转化胜任力、悦纳变化与灵活应变胜任力三个方面。高成就动机与创业胜任力主要指高管具有的强烈的事业心、目标和目标管理能力、创业精神、机会开发能力等。快速学习与转化胜任力主要指高管适应互联时代快速变化与迭代创新的竞争态势，技能与知识快速的情形，高管具有快速学习能力、迁移转化能力、创新提升能力。另外，互联网企业的成长发展始终处于一种快递迭代、扩展与归核、兼并与剥离、人与财异动的动态变化中，高管应当具有包容开放心态、灵活应变能力、危机处理能力、乐观承压能力。互联网企业高管个体鉴别胜任力指标结构如表 6 – 9 所示。

表6-9　互联网企业高管个体鉴别胜任力指标

个体鉴别胜任力内涵	一级指标	二级指标
具有适应互联网行业风险压力与快速变化，具备企业家精神，成为出色的互联网企业高管的胜任特质与能力	高成就动机与创业胜任力	事业心与成就欲 目标和目标管理能力 工作激情 创业精神 机会开发能力
	快速学习与转化胜任力	快速学习能力 迁移转化能力 创新提升能力
	悦纳变化与灵活应变胜任力	开放心态 乐观承压能力 灵活应变能力 危机处理能力

领导者和管理者胜任力是一个动态的概念，它会随着时代与环境的发展变化而进行调整。不同的时代环境中，管理者胜任力体现出不同的胜任特征，管理者胜任力的影响因素也会随之改变。由于所研究企业所处行业、地区、规模不同，管理者胜任力的特征也会有所差异。互联网企业是多变的，人与人、人与物的关系与沟通发生了深刻变革，企业管理也面临一系列新挑战，对于企业的管理者和领导者也是一大挑战，要有效地管理企业使其良好发展并保持其竞争优势，只有不断创新，掌握即时信息，充分满足顾客需求才能持续成长，需要企业领导者和管理者具备领导企业员工的胜任能力。

（三）互联网企业创业成长中高管胜任力的调整

在我国互联网高速发展的背景下，互联网企业如雨后春笋般诞生。然而，互联网企业是以技术为导向的，每个互联网企业都面临着严峻的难题：产品更新迭代快，市场趋于饱和且竞争激烈，因此在互联网企业发展的过程中，优秀的管理者和领导人对企业的生存和发展具有至关重要的作用。

在互联网企业的初创阶段，公司的领导者、高层管理人员需要具有判断力和全局观。明确企业的定位、未来发展方向、公司的整体规划。当一个企业管理者对公司尤其是在互联网公司中没有明确的规划时，很容易使初创的公司误入歧途，而企业有自己的规划后，可以将终极目标拆分为多个小目标，在这个过程中提出解决的方案来策划每个时段需要完成的项目；当多个小目标建立后，再落实到每位员工的行动上，将计划变成行动。根据以上步骤，高层管理人员可以把握公司的全局，抓住企业发展的核心，利益与责任相互制衡，可以将企业打造得经久不衰。另外，王海燕（2009）提到在互联网企业发展初期，需要各路资金支持，此时需要每一位高管人员有捕捉机遇与谈判的能力，为企业寻得良好的资本注入，扩大公司的所有者权益，为互联网企业的创业阶段奠定良好的资金基础，在将来可以用于产品更好地研发并促进企业的稳定发展。

在互联网企业的快速成长阶段，互联网企业需要提高自己的知名度，使自己能够在市场中占据一席之地，因此需要企业的高管具有发展、扩大用户群的能力，再将这些用户变成未来的客户。寇立仪（2016）指出，市场感知力、社会化媒体营销能力、社会化客户关系管理能力、线上线下协同营销能力和大数据营销能力以及社会化网络营销创新能力都是立足于市场不可或缺的胜任力。高管在互联网企业产品迭代速度快的情况下，需要对市场具有敏感的感知力，了解市场最新动态，利用大数据分析用户的偏好，争取能够以新制胜。在互联网企业的快速成长阶段，在了解市场动向后，需要具有有效整合信息的能力和社会化客户管理能力。将有效的市场信息告知于每个部门，让其做出相应的企业政策和方向调整，在经营活动中配置、开发和整合企业内外的各种资源，主动利用、分析和管理客户信息，迅速满足客户个性化需求，从而建立、发展和提升客户关系，并在市场中形成企业的竞争优势。

互联网企业在以把握最新市场动态的优势下进入成熟发展阶段时，企业面临员工积极性逐渐趋于稳定，还面临如何选择企业的主营业务并做大做强品牌。因此，高管人员需要调动员工的积极性，要有激活员工的胜任力，使组织有生机参与到每个项目中。此外，在成熟发展阶段，企业在快速发展阶段时出现管理分工日趋复杂，企业运行效率递减，市场前景难辨且不确定，因此高管应该考虑如何选择企业的主营业务。把一件事情做到精致，形成独有的品牌，从而能够建立长期竞争优势。

对于一个企业来讲，企业在进入衰退阶段之后，面临着两种情况：一是衰败，二是重生。相对于传统工业企业来说，互联网企业的发展阶段更为短暂。在企业进入衰退阶段时，若不及时调整公司战略部署，很可能使得企业走向灭亡。互联网企业走向衰退的原因有：一是产品老化，二是企业结构臃肿和革新官僚文化盛行。所以在这一阶段，高管需要审时度势，进行战略转移或企业重组活动，另外，高管必须要对公司的组织结构进行变革并增加企业的文化创新活动。高管需要有相当的决策力，变革组织结构，可以使原先的集权制变为分权制，将企业适用扁平化的组织结构，加快公司的信息流动性，激活每个组织成员的能力，调动每个组织成员的积极性。经过一系列的调整后，企业文化、组织结构焕然一新，调动了员工的积极性，使得企业涅槃重生。

第七章　高管人员胜任力与企业成长个案研究：史玉柱与他的巨人“征途”

国内外优秀乃至卓越的高管领导者非常多，比如：通用的杰克·韦尔奇、戴尔的迈克·戴尔、惠普的惠奥瑞纳、阿里巴巴的马云、华为的任正非、巨人的史玉柱、万科的王石等，正是由于有了这些卓越高管及其领导团队，这些公司才保持行业领先或持续成长。研究他们在带领公司面对各种复杂情境而不断成长和提升竞争力当中所体现的高管胜任力，一方面可以进一步检验和修正高管人员胜任力随企业成长而发展演化的逻辑；另一方面他们在企业成长各阶段所表现出的胜任力特征和选择的领导方式及行动，也可以为后来的创业领导者和高管经理成就卓越领导和卓越绩效，提供可资借鉴的管理知识和实践素材。在本书中，基于目前的资料，我们选择史玉柱和他的巨人“征途”作为个案来进行分析参照。

一、选材的理由和意义

史玉柱和他的巨人集团，在整个中国的企业界一直有着超越时空的影响力，和他初次创业前后齐名的企业家，有的仍驰名于当今的经济舞台，如张瑞敏、段永平、王石、柳传志、何享健等，而有的已经默默无闻或者消失在历史的长河中，如牟其中、张海、胡志强等。但是，史玉柱经历住经营的各种考验，从成功到失败，再到成功，仍然是今天创业企业家和职业经理人啧啧称赞和孜孜学习的对象。选择史玉柱作为个案研究的对象，除了本书对史玉柱及其经营故事怀有浓厚兴趣，掌握较多的资料外，还因为他的经历具有良好的研究价值。

第一，史玉柱和他带领的巨人公司，经历了两次企业生命周期过程，其中只有“稳定发展阶段”，在巨人企业成长中出现一次（即公司目前的发展状态）。企业生命周期各阶段存在的发展动力、竞争环境、组织结构、内部管理、领导风格、资源结构、成长能力的经营优势、成长短板、矛盾焦点等都在巨人公司成长演化过程中出现，有的成长问题比如多元化、市场操作、创新等多次出现，并且矛盾的结构、难度和影响力还不同。作为企业的创建者和掌门人，史玉柱在企业成长各阶段的胜任力状态和行动，直接决定了巨人公司企业成长的起伏。而史玉柱的故事能够有力地印证高管胜任力如果不能有效地适应成长任务情境的演化，做出相应的胜任力结构改变，那么他所带领的公司一定难以持续成长，很有可能陷入衰退倒闭的困境中。从这一点看，史玉柱及其巨人公司的案例有代表性。

第二，史玉柱和巨人公司的成长演化还具有行业代表性。巨人公司在创业之初是从高科技行业切入市场的，他几乎是当时中国第一个吃软件研发经营“螃蟹”的人，然而，巨人在多元化发展过程中，又进入了保健品生产制造行业，甚至进入了房地产行业，乃至退出 IT 科技领域，直到巨人公司遭受资金链断裂而挫败。在第二次创业复兴巨人的过程中，史玉柱从保健品生产制造行业入手，取得了巨大的成功，而后公司在多元化时，又回到了高科技行业——网络游戏的开发与经营，成为同时经营传统产业和高科技产业的公司。史玉柱在各个产业的战略选择和战略经营当中经营胜任力演化对其他公司，尤其是产业相近的公司具有重要的批判借鉴意义。

第三，史玉柱是优秀的、具有创新性企业家的典型代表，他从“汉卡”开始创业，成就了“一夜暴富”的传奇，在这个创业过程中体现了史玉柱不畏艰难、敢于创新的精神。随着“汉卡”、脑白金事业的陨落，史玉柱又一夜之间成为了国内个人负债最高的人，但是，面对失败巨人没有倒下，重整旗鼓、东山再起，重新塑造了一代企业传奇。成败荣辱、企业兴衰之间也彰显了他作为企业高管胜任力的适应力与变革力。

史玉柱本人是中国经济尤其是中国民营经济的亲历者，他的经营个性、创业传奇、追求创新精神、领导风格仍然是今天中国商界、年轻创业者和职业经理人津津乐道的商业话题，是值得推崇或具有争议的先锋企业家。他所搭建的“赢在巨人网络创业平台”，正在为无数有创业梦想、有创意思想，缺创业资源的年轻人提供事业发展的平台支持，传递创业成功的可靠经验。通过这一活动和史玉柱的网游事业，他跨越了时代的代沟，成为一代代后来者获得经营胜任力的可靠榜样。因此，研究史玉柱的胜任力故事，有助于后来者更加稳健地创业和管理自己的事业，史玉柱的胜任力演化更具有说服力和示范效应。

二、史玉柱及其巨人公司的成长演变①

1962 年史玉柱，出生在安徽怀远，是改革开放后第一批创业者当中的高级知识分子，1984 年浙江大学数学系毕业，分配至安徽省统计局。由于工作出色，被作为第三梯队人才，送深圳大学研究生进修，1989 年 1 月毕业于深圳大学研究生院，获得微软科学硕士。毕业后，史玉柱决心利用自己在研究生期间开发出来的成果 M－6401 桌面排版印刷系统（即后来的“汉卡”）自主创业，走一条非同寻常的“征途”。

① 案例资料主要来源如下：A. 著作类：戴素菊．史玉柱的人生哲学［M］．杭州：浙江人民出版社，2009；徐明天．史玉柱批判［M］．北京：企业管理出版社，2009；唐华山．史玉柱创业启示录［M］．北京：人民邮电出版社，2010；余瀛波．华商名人堂：是非史玉柱［M］．青岛：青岛出版社，2011；朱瑛石．沉浮史玉柱［M］．北京：当代中国出版社，2006；成时．史玉柱传奇［M］．北京：中国经济出版社，2009；杨连柱．史玉柱如是说——中国顶级 CEO 的商道真经［M］．北京：中国经济出版社，2008. B. 期刊类：吴明．史玉柱的团队管理之道［J］．企业文化，2009（2）；苏荣．借 4000 元人民币起家——史玉柱传奇性的创业经历［J］．中国林业产业，2010（3）；袁茵，邓攀．史玉柱：拧巴着“出世”［J］．中国企业家，2011（7）；顾育豹．史玉柱：绝地反击的榜样［J］．商业文化，2008（11）；王育琨．史玉柱东山再起的标示意义［J］．西部论坛，2008（6）；魏雅华．史玉柱：从中国“首负”到中国“首富”——史玉柱是只不死鸟［J］．中国高新区，2008（5）；王育琨．史玉柱“巨人”的“征途”［J］．中国民营科技与经济，2008（1）；曹世中．十年史玉柱［J］．新财经，2007（10）；张羿．史玉柱：生怕头脑再发热［J］．招商周刊，2005（50）；闫甜．史玉柱症结：投资战略失误在冰与火中挣扎的巨人［J］．中国投资，2005（3）；杨华浩．企业靠什么取胜——从张瑞敏看史玉柱［J］．创新科技，2002（5）；王文彬．对史玉柱“巨人现象”的思考［J］．中国民营科技与经济，2001（3）；方向明，皮昊，韩慧．史玉柱：大祸与大惑［J］．中国企业家，1997（1）．C. 网络类文献：（1）发展历程，上海黄金搭档有限公司官网：http：//www. goldpartner. com. cn/；（2）百度“史玉柱”词条，http：//baike. baidu. com/view/16308. htm；（3）巨人史玉柱：从“中国首负”到“中国首富”发家史！连锁加盟网：http：//www. u88. cn/caifurenwu/24182_ 1. htm，2011 年 9 月 23 日；（4）沉浮史玉柱：大起大落的传奇企业家，总裁网：http：//fy. chinaceot. com/sound_ article. php？total = 3&id2 = 5&aid = 29991&page = 1，2011 年 11 月 17 日；（5）人物：史玉柱，凤凰网：http：//app. tech. ifeng. com/person/index. php？name = % E5% 8F% B2% E7% 8E% 89% E6% 9F% B1；（6）史玉柱传奇：全球第七 IT 富豪曾欠债 2 亿元，搜狐网：http：//news. sohu. com/20081108/n260516154. shtml，2008 年 11 月 8 日；（7）百度“巨人公司”词条，http：//baike. baidu. com/view/1109871. htm.

1989 年，利用报纸《计算机世界》先打广告后收钱的时间差，用全部的 4000 元做了一个 8400 元的广告：“M－6401，历史性的突破”。13 天后，史玉柱即获 15820 元；4 个月后，所有的广告投入为他换回 100 多万元的创业资本。完美地取得了人生的第一桶金，为巨人公司创立奠定了雄厚的自有资本基础。

1991 年巨人公司在深圳成立，他想：“IBM 是国际公认的蓝色巨人，我办的公司也要成为中国的 IBM，不如就用‘巨人’这个词来命名公司。”然而，此后他和巨人集团并没有按照当初的设计前行，而是呈现跌宕起伏的“创业—快速成长—多元扩张—衰退（关闭）—再创业—高成长—相对稳定—多元化（上市）”这一成长轨迹并浴火重生。

1991 年 7 月巨人公司实施战略转移，将总部由深圳迁往珠海并更名为“珠海巨人高科技集团公司”，下设 8 个分公司。在珠海市场上 M－6402 系列产品受到了来自香港金山电脑的冲击，为了赢得和占领市场，拓展公司的营销渠道，“史大胆”以几十万元的代价做了一个赌注：承诺只要购买 10 块巨人汉卡，史玉柱就邀请全国各地的电脑销售商免费参加巨人汉卡在珠海举办的订货会，这一举措在吸引了全国 200 家软件销售商的背后也为巨人集团构建了庞大的销售网络。这一年，M－6403 桌面印刷系统共卖出 2.8 万套，盈利 3500 万元。到 1993 年 7 月，“巨人集团”下属全资子公司已经发展到 38 个，是仅次于“四通公司”的全国第二大民办高科技企业，拥有 M－6405 汉卡、中文笔记本电脑、手写电脑等五个拳头产品。其中仅中文手写电脑和软件当年的销售额即达到 3.6 亿元。

然而，就在巨人集团依靠汉卡等 IT 产品获得企业快速成长的市场与资本的时候，国外软件业巨头大举进入中国，并迅速挤占了大部分的中国软件市场，大大压缩了史玉柱的软件产品空间。由于软件竞争力不足和市场空间有限，史玉柱急于进行战略转型，实施产业多元化，并逐渐放弃目前的软件行业，转而进入新的产业。史玉柱将保健品行业和房地产作为产业多元化乃至产业突围的方向，实施二次创业。然而，就是在这个企业快速成长又兼具二次创业的转折关头，史玉柱却犯了战略冒进和自信心膨胀自大的重大失误，使巨人集团几乎垮塌。

1994 年，满载史玉柱成功梦想和荣誉商业地产项目——巨人大厦开始动工，

初期计划3年完工。但是这个大厦终究不是“等闲之辈”，这座最初计划建18层的大厦，在众人热捧和领导鼓励中被不断加高，从18层到38层、54层、64层，最后升为70层，号称当时中国第一高楼，投资也从2亿元增加到12亿元。巨人大厦注定是史玉柱及其巨人集团的“巨无霸陷阱”之一，它巨量占用和透支了公司的存量资本并导致高度负债。在巨人大厦的建设上，史玉柱基本上以集资和卖楼花的方式筹款，集资超过1亿元，但是史玉柱自始至终没有向银行融资一分钱。在建楼资金紧张的时候，他将投入保健品行业的资本及其带来的公司收入大部分投入到大楼建设的“无底洞”中，成为导致巨人公司迅速成长、迅速衰微的最主要推手。

就在史玉柱大举建楼后不久，巨人又投身保健品乃至药品行业，推出包括“脑黄金”在内的30多个产品，并在国内商界率先大胆实施营销创新，比如：砸进1亿元做产品商业广告，在全国设立7大片区，建分公司并要求组织建设、业务培训和销售回款一体推动，他对每一位分公司经理都灌输同一种理念：健脑观念与渠道网络经销的场面要铺开，最重要的是“回款才是硬道理”。从1994年10月至1995年2月，仅仅4个月，在供货不足的情况下，回款突破1.8亿元，“暴力营销”成果显著。不过，就在脑黄金大行其道，蒸蒸日上之际，史玉柱的巨人公司却又陷入“日薄西山，债台高筑”的困局：1996年巨人大厦资金告急，史玉柱决定将保健品方面的全部资金调往巨人大厦，但这并没有圆史玉柱“大厦梦想”，大厦资金缺口依然存在，而由于保健品业务因资金“抽血”过量，在各分公司管理上存在重大漏洞，贪腐、挪用财务账款现象时有发生，1996年脑黄金销售额达到5.6亿元，但是呆账坏账资金就达3亿多元，由此公司保健品业务迅速盛极而衰。祸不单行的是，就在巨人大厦未按期完工，保健品发展受挫时，各方债主纷纷上门要回资金。1997年，诸多不利因素集合在一起，巨人资金彻底断裂，公司负债高达2.5亿元，巨人公司账号全部被查封。

幸运的是，受到重创的史玉柱，这时除了缺钱外，似乎什么都不缺——公司20多人的管理团队，在最困难的时候依然不离不弃，没有一个人离开。而且史玉柱手上已经有两个项目可供选择，一个是保健品脑白金，另一个是他赖以起家的软件。1998年，史玉柱决定重振巨人公司，向每一个债权人兑现还清2.5亿元债务的承诺，他仍然选择保健品业务作为再次创业的突破口。“营销是没有专家的，唯一的专家是消费者。你要搞好的策划方案，你就要去了解消费者。”再次创业的史玉柱选择了从市场消费者开始谨慎而又果敢的商业运作。他走村串巷调研保健品最终消费人群对产品功能和产品营销的看法，积累营销素材，并最终形成了“今年过年不收礼，收礼还收脑白金”的营销灵感。1998 年史玉柱借了 50 万元，在上海注册健特生物有限公司，经过精心的市场调研和营销策划，脑白金运用脑黄金的营销策略以星火燎原之势迅速占领全国市场，稳居保健品市场榜首。脑白金面市 6 年来，它基本上保持了销售上升的势头，即使在销售额突破 10 亿元大关之后，其销售额还在缓缓上升。2000 年，公司创造了 13 亿元的销售奇迹，成为保健品的状元，并在全国拥有 200 多个销售点的庞大销售网络，规模超过了鼎盛时期的巨人。3 年不到，史玉柱又重新站了起来。2000 年秋天，他做了一个轰动一时的决定，悄悄还清了所欠的全部债务。

就在脑白金销售辉煌之际，史玉柱却决定让这个产品在自己业务板块中“急流勇退”，2001 年就彻底地把脑白金卖掉了，他转而做了一个他认为更有市场潜力的保健产品“黄金搭档”，并与宜宾五粮液集团战略合作推出“五粮液黄金酒”。2003 ~ 2007 年，黄金搭档在“同类产品销量排行榜”上折冠，拿到中国组合维生素类产品销量“五连冠”。

第一，公司在保健品行业的过去的行业经验、市场的精耕细作和大胆投入，更有一批忠诚并始终跟随史玉柱的创业团队，使史玉柱实现了巨人的复兴，集团的管理更加稳健规范。史玉柱锻造队伍执行力的第一步，就是从管理好现金流开始的。做脑白金时，总部把货卖给各地的经销商，而且大小经销商一视同仁，全都先款后货；但在终端上，促销、市场维护等工作却主要是由史玉柱在各地成立的分公司负责。第二，为了提高执行力，史玉柱还为脑白金建立了一个 50 人的纠察队伍，一年四季在外面悄悄进行市场纠察，一旦发现分公司弄虚作假或隐瞒问题，就会对分公司进行处罚。除了这支总部的纠察队伍，省级分公司也有纠察队查市级市场，市级纠察队又查县级市场。第三，史玉柱还建立了一个有良好“黏性”的激励文化，即“有奖必有罚，奖罚必配套”“只认功劳不认苦劳；说到做到，做不到就不要说”的企业文化。和一般公司只奖励先进不惩处落后相比，史玉柱每次开总结大会，一定是最佳和最差同时登台，最佳上台领奖金，最差下台领黄旗。

公司逐步由快速成长步入稳健扩张阶段。再重新定位多元扩张战略时，史玉柱变得非常谨慎，在进入网游之前，史玉柱曾经找来专家咨询，也曾专门拜会一些行业的主管领导。结论是，至少在八年或者更长的时间里，网络游戏的增长速度会保持在30%以上。而在史玉柱看来，国人对娱乐的需要日益增长，中国游戏玩家的比例相对也较低，增长潜力巨大。因此，史玉柱断言：现在的网游市场肯定是一个朝阳产业。史玉柱决定进入网络游戏这个行业，除了对行业发展的分析外，还有就是他自身的专业背景和他创业开始就和网络IT结缘——“我是程序员出身的，对于现在回到IT行业，有一种回娘家的感觉，这是求之不得的”。

2004年底，在绝大多数行业专家、有关媒体不太看好的大环境下，征途公司正式成立，史玉柱率领着“征途战舰”起航了。2005年4月18日，史玉柱突然在上海金茂大厦宣布了巨人投资集团有限公司投资的新项目——网络游戏《征途》。史玉柱如法炮制保健品的推广方式，推广团队是行业内最大的，全国有2000人，目标是铺遍1800个市、县、乡镇，到时候这个队伍预计为2万人。据《征途》官方称，截至2005年11月，《征途》推出两年来，在线人数一路飙升，目前已经成为全球第三款同时在线人数超过100万的中文网络游戏。2006年，《征途》的销售额达到6.26亿元，月销售收入已经突破1.6亿元，月利润直逼亿元大关。史玉柱的成功，让学习《征途》的赚钱秘术，成为同行最热衷的一件事情。

2007年11月1日，史玉柱旗下的巨人网络集团有限公司成功登陆美国纽约证券交易所，开盘18.25美元，超过发行价17.74%，总市值达到42亿美元，融资额为10.45亿美元，成为在美国发行规模最大的中国民营企业，史玉柱的身家突破500亿元。此次巨人网络上市，直接成就了21个亿万富翁、186个百万和千万富翁。

史玉柱已经重新注册了“巨人公司”，把网络游戏、投资、保健品等旗下所有业务全部装进去，希望巨人公司能够成为基业长青的“巨人”。在总结过去成败经验时，他说：“我人生中最宝贵的财富就是那段永远也无法忘记的刻骨铭心的经历”；“成功经验的总结多数是扭曲的，失败教训的总结才是正确的”……

三、史玉柱的胜任力与巨人成长演化的案例分析

史玉柱并不是传统意义上的职业经理人，他在某些方面扮演着创业者和老板的角色，以几千元起家并荣登《福布斯》中国大陆富豪第8位，从巨人汉卡到巨人大厦，从脑白金到黄金搭档，史玉柱的职业生涯跌宕起伏，从万人敬仰的创业奇才沦落到个人负债最高的“中国首穷”，再到凭借保健品行业东山再起重整旗鼓，最后成为身价百亿的网络新锐，史玉柱盛衰交替的职业生涯也给企业管理研究专家和学者们带来了众多的启示。

（一）巨人公司的成长演化路径

描述和分析高管人员的胜任力及其演化，必须通过他所经营管理的公司企业成长的任务环境变化和成长的结果（业绩好有竞争力或是业绩萧条没有竞争力）来揭示。作为创业家和公司高管，史玉柱的胜任力演化更需要通过分析巨人公司的生命周期过程来探讨。上文将史玉柱及其巨人公司演化的重要事件做了阐述，我们运用生命周期理论和任务环境分析法，进一步精炼巨人公司的成长演化轨迹，提炼每个阶段巨人公司面临的任务情境。

从1991年史玉柱创立巨人公司开始，到2011年史玉柱重新注册“巨人公司”，即复兴巨人为止，可以将巨人公司的生命周期粗略分为：创业—快速成长—多元扩张—衰退（关闭）—再创业—高成长（国内上市）—相对稳定多元化（海外上市）七个阶段（见图7-1）。这七个阶段从老巨人到新巨人[①]跨越了20年，两次创业，从启动到快速成长，经历的时间比一般企业设定的五年为一个周期都要短，都仅用了2~3年的时间。第二次创业的快速成长业绩比第一次要更高更稳健。

① 新巨人并不是一个公司，而是对史玉柱创立的一组公司的简称，也是史玉柱复兴的梦想。

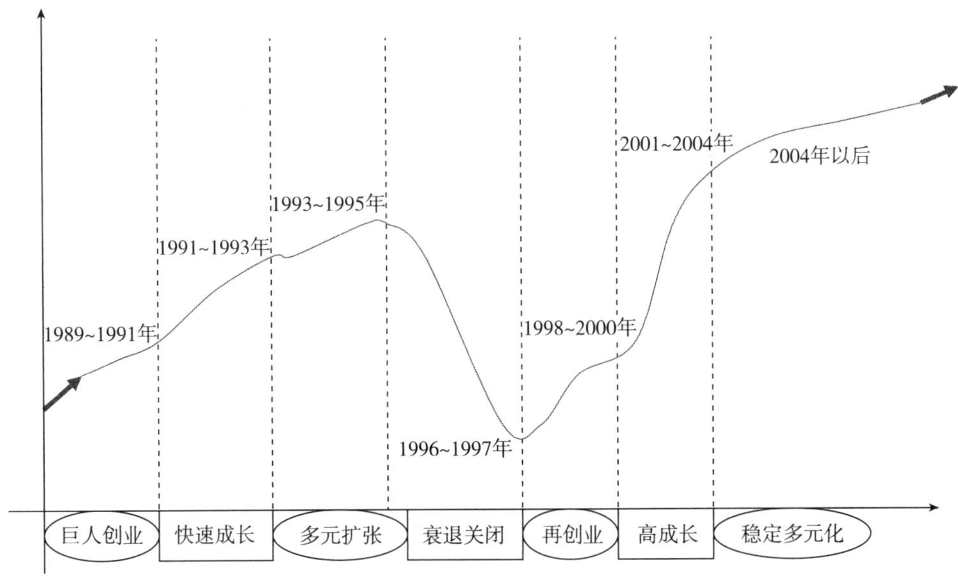

图7－1　巨人公司生命周期演化路径

（二）史玉柱的高管胜任力演化与巨人公司的演变

作为巨人公司的创始人和最大股东，史玉柱的经营管理胜任力决定了公司企业成长的起承转合。巨人七个阶段的发展演变揭示了史玉柱胜任力从稚嫩向成熟的发展演化。

1. 巨人创业

1989 年史玉柱从深圳大学研究生毕业，这个时候正是中国第一波“下海”创业热潮启程的年代，同时也是国内计算机行业逐步兴起但市场上配套应用软件（汉化软件）缺乏的时代。史玉柱敏锐地把握这一商业机会，并且他通过自己的学习创新，形成了具有自主知识产权的软件。他决定放弃舒服稳定的公务员工作，冒险踏入商业征途。于是他用借来的 4000 元资金，将自己的技术和产品商业化，他在当时敢于创新与杂志（《计算机世界》）合作模式——预付＋赊欠，在《计算机世界》杂志连续做广告，在整合这些资源后，他获得了意想不到的成功：13 天后他就收回了第一批的创业投资，获利 15820 元，一个月后这个数翻番为 100000 元，当年他赚得 100 多万元。在成立公司之前，史玉柱已经完成初次创业。

从其创业故事中，我们已经能够感知到史玉柱作为创业家所具备的优秀高管特征：创业机会把握与转化能力、市场洞察力与营销操作能力、创业创新精神与能力和他具有的创业人格特质：敢于冒险和承担风险、强烈的自我实现欲望、自信、不安于现状、良好的分析判断力。这些能力和特质将在其后来的企业经营、创业中不断体现，也正是这些特质和运营手法逐渐形成了其独特的个人魅力。

2. 巨人快速成长

1991 年史玉柱正式注册了巨人公司，有了前期创业的积淀，公司自成立之初，便步入了快速发展的通道。史玉柱在汉卡基础上，不断创新和丰富 IT 产品种类，巨人销售收入从 1990 年的百万级上升至 1991 年的 3500 万元，1993 年仅中文手写电脑和软件的当年销售额即达到 3.6 亿元。

史玉柱依然延续着创业阶段的激情、自信和创新精神，保持对市场开拓的优秀能力，并且体现其一贯具有的表率示范执行力，这些都体现其在快速成长阶段的胜任力。不过，这个阶段，史玉柱对企业的控制和管理仍然沿用的是市场计划执行和经验管理的办法，而没有引入科学管理系统方法。另外，史玉柱公司开发的 IT 软件虽然在国内有较好适应性和吸引力，但其前提是国外的软件巨头尚没有足够重视中国市场，给了巨人公司快速成长的空间。但是，史玉柱及其团队没有足够的时间和技术形成可以抗衡国外同类产品的核心竞争力，史玉柱对公司在 IT 行业的发展战略规划意识和能力不足，这些也是迫使史玉柱公司进行产业多元化和扩张的主要原因。

3. 巨人多元扩张

就在巨人公司进入快速成长阶段的同时，史玉柱也开启了巨人公司的产业多元化的浪潮，他几乎同时涉足了两个无关多元化的行业：商业地产和保健品。史玉柱试图减少公司对 IT 产品应收的依赖，而通过保健品的销售扩张公司的业务单元，通过巨人大厦建设增强公司的凝聚力、影响力和吸引力，进入商业地产行业。多元化的初期，巨人公司同样获得了成功，脑黄金的营销组织和市场开发做得非常成功，而“巨人大厦”虽然耗资巨大，加重了公司的负担，但是尚不足以影响公司的整体运营，公司的流动资金及其增长依然可观，巨人公司有了向“稳定成长”的大公司阶段发展的可能。

史玉柱对公司的发展危机有良好的感知力，在企业快速发展的大好前景中，他已经预感到未来增长的危机，他在危机没有来临时便开始做战略规划和调整，以结果为导向进行产业转移，寻找新的增长动力。可以说史玉柱的不安于现状、努力进取和敢于冒险的精神一直没有改变。然而，年轻的创业者轻而易举地成功，也注定了他们身上多有过度自信、好大喜功、外强中干、好面子等不良特质，以及对公司组织管理的简单化、粗线条。对公司战略经营缺乏良好的判断力。而这些个体身上的非胜任力是最终导致史玉柱及其巨人公司危机四伏的内在要因之一。

4. 巨人衰退危机（公司关闭）

史玉柱的巨人公司没有能够顺利进入稳定发展的大企业阶段，走完一个完整的企业生命周期，就进入了“衰退危机”阶段。从公司经营上看，是巨人公司被拖入了巨人大厦建设的“资本黑洞”中，不能自拔，耗尽了公司在主营业务上流动资本和销售收入，使公司出现了资金链断裂；而公司在保健品业务上粗放简单的经营管理，特别是公司总部对庞大的经销网络的管理控制能力不足，也使得资本逐步被内部掏空，实际流回公司财务的业务收入锐减。公司终于在 1997 年，债权人声索债务权益和无力继续“大厦神话”的夹击中关门闭户，巨人公司进入了停产休眠期，实际上也就是破产保护中。

史玉柱在巨人步入衰退危机的时段，其应对衰退的胜任力鲜有亮点，其中最为闪亮的有两点：一是其对债权人偿债的激昂承诺、真诚态度和人格魅力，赢得了商业伙伴和债权人的信心和理解；二是史玉柱在衰退危机当中以他的胆识、人格和干事业的魄力，赢得并留住了创业团队，其下属骨干用“忠诚”“感恩”和“尽职”的行动，显示他们对史玉柱的支持。这两点也正是史玉柱日后很快重新崛起的“精神基因”。但是，史玉柱在该公司进入衰退阶段，仍然固执地用“饮鸩止渴”的方法经营公司，自我反省意识和强度均不足、走出危机的机会洞察力不足，应对公司出现财务管理紊乱，拿不出行之有效的方法，其应对突变能力、管理创新能力、决策判断能力和危机协调能力都显得力不从心。由于应对公司衰退危机的胜任力不足，巨人公司由盛而衰几乎是在瞬间发生的，没有留下缓冲余地——1994 ~ 1995 年还在多元化过程中快速成长，1996 年经营危机立显，1997 年公司债台高筑，被迫关门。

5. 再创业——巨人再生

1998 年，在经过一段时间的休息和对经营挫败自省反思后，史玉柱决定在逆境中重新出发，逆势而上重新创业。他依然选择有一定行业经验并给他带来成功的保健品行业。而这一次创业，史玉柱不是从自己能做什么开始，而是从市场消费者需要什么产品开始。经过精心的市场调研和营销策划，史玉柱在上海注册了上海健特生物有限公司，推出了其新的保健产品——脑白金。值得说明的是，上海健特生物有限公司依然浮现着巨人公司的身影，除了保留原来的创业团队外，“健特”就是巨人英文单词“Giant”的中文直译。脑白金基本延续了脑黄金产品的高举高打营销模式，只是史玉柱对市场的操作更加精细，吸收前一次创业中管控市场的教训，建立严格严密的财务、营销和客户管理的流程和管控制度。结果，脑白金的经营大获成功，用了不到三年的时间，公司创造了13亿元的销售奇迹，比上一次创业中快速成长阶段的业绩还要好。

从两次创业均大获成功的经历看，史玉柱是20世纪末到现在为止，有着最优秀创业胜任力的企业家，尤其是经历初次经营大胜大败后的史玉柱，表现出更为成熟的创业胜任力：不仅有敢于冒险和承担风险、强烈的自我实现欲望、自信、不安于现状的创业特质，而且有着成熟的机会把控力、市场操控能力，并在一开始就重视“管理控制”在经营中的角色。

6. 新巨人的高成长

史玉柱并不满足于健特公司在脑白金产品上的成功，在兑现承诺，还清2.5亿元的巨人公司债务后，史玉柱赢得了商业界的普遍赞誉，其成功复出的奇迹使其成为业界瞩目的英雄，获得了商业资本的青睐，因此，2001年公司顺利通过证监会的上市申请，成功上市，彻底解放了公司发展的资本瓶颈，公司迎来了高成长的契机。而史玉柱这次非常清醒地避免了迅速多元化，特别是无关多元化的陷阱，而是在自己成功的保健品领域继续创新耕耘。2002年公司又成功推出了黄金搭档这一保健产品。2004年3月，在北京人民大会堂由国家统计局组织的权威评比中，脑白金和年轻的黄金搭档包揽了单品销量的冠亚军。这也是脑白金连续第四次夺得这项桂冠。此后的四年里，脑白金一直占据保健食品销量冠军的宝座，而黄金搭档也稳坐维生素产品的销量龙头。2004年3月，公司和香港四通电子成功握手。这标志着巨人已经跨上了迈向国际化的发展道路。公司被评为2004年度上海市民营科技企业100强，成为2004年度上海市徐汇区千万元以上纳税企业。

史玉柱在二次创业的高成长阶段，已经变得相当理性，有了相当成熟的战略远见力和整体把控能力，对公司奇迹般的成功和未来发展相当冷静，他甚至为自己制定了三项“铁律”：第一，必须时时刻刻保持危机意识，每时每刻提防公司明天会突然垮掉，随时防备最坏的结果；第二，不得盲目冒进，不能草率进行多元化经营；第三，让企业永远保持充足的现金流。同时，他再也不像上一次创业那样执行对公司经营的粗线条的内部管理，而是从创业开始就注重掌控市场一线组织，一方面落实经营业绩为先的目标管理——“只认功劳，不认苦劳”，另一方面逐步在内部推行“科学＋文化”的管理。史玉柱清醒地分析了企业高成长所面临的状况，在产品做最好做成熟的时候及时开辟新的产品线，这样无疑会使事业越做越长远，这也表现出了史玉柱的管理和决策能力。

7. 相对稳定多元化——巨人复兴

在新巨人公司经历了快速成长，具备保健品行业领先的影响力和操控力，公司在销售收入和资本积累日益雄厚的情势下，史玉柱开始了稳健的多元化进程。经过深入的调研论证，史玉柱决定重回 IT 行业，注册了巨人网络科技公司，进军网络游戏的研发和市场推广。2006 年，在不被许多媒体看好的情况下，巨人网络推出的自主产权游戏——《征途》的销售额达到 6.26 亿元，月销售收入已经突破 1.6 亿元，月利润直逼亿元大关。2007 年 11 月，巨人网络集团有限公司成功登陆美国纽约证券交易所，开盘 18.25 美元，超过发行价 17.74%，总市值达到 42 亿美元，融资额为 10.45 亿美元，成为在美国发行规模最大的中国民营企业，“巨人”从此复兴……

史玉柱这一次的多元化选择在公司向稳定发展的大企业阶段推出，对多元化的选择做了战略性的调研和认证，并且使用了现代流行的商业模式方法进行调研论证，并从一开始就力主自主创新，发展有自主知识产权，深受消费者欢迎的网络游戏。在营销上依然坚持其“农村包围城市”和大规模大手笔投入的打法，并在公司上下建立并贯彻了系统的企业文化与价值观①。巨人公司由此获得复

---

① 新巨人的企业文化：一是只认功劳，不认苦劳：干工作，目标明，分主次，抓效率，追求大业绩，不做无用功。二是说到做到，做不到不说：为人诚，讲信用，言必行，行必果，不轻诺，不寡信，食了言，失威信。三是严于律己，宽以待人：对自己，要自控，高标准，严要求，提修养，求上进，做表率，奉献多，发展快；对同事，要尊重，少计较，多宽容，讲团队，多协助，学人长，补己短，求共进！四是敢于承担个人责任：不抱怨，不推诿，有勇气，有魄力，克困难，善攻坚，勇承重担，敢负责任，我以负责而自豪。五是艰苦奋斗，敬业乐业：不铺张，不浪费，公司利益放首位，控成本，创效益，提高企业竞争力；把个人发展融入企业发展，积极主动，全情投入，事事认真，力求完美；把现在的工作纳入终生的事业，培养兴趣，营造情趣，享受乐趣，平衡生活与健康，追求事业有成、身心快乐！

兴，史玉柱已经具备了企业成熟阶段高管胜任特质，即整合资源开拓公司业绩的能力，启动公司未来愿景发展的有效战略规划能力，始终如一坚持科学管理和文化融合的组织控制能力，建立和保有企业核心竞争力的学习创新能力；同时，这些能力的取得与史玉柱成熟的经营人格与领导风格密不可分：理性与激情的平衡、稳重与创新的坚守、资源与能力的贯通、敬业与责任的坚持……

通过巨人集团案例的介绍，我们可以看出史玉柱作为企业领导人经历了一个企业由建立到极盛，由衰落到再次崛起的过程，而他本人在企业的成长起伏过程中所表现出来的胜任力结构也是有所变化的，由此结合文章的主题我们可以得出一个经理人在企业不同成长阶段应具备的胜任力：创业初期要有足够的研发头脑和冒险精神，在企业步入正轨的时候要时刻关注消费群体喜好做好市场定位，在提高产品质量的同时注重各种营销策略的运用，同时加强企业内部管理，在企业达到鼎盛的时候要保持清晰的头脑探索企业扩展之路；企业休整期要及时总结问题所在，通过创新机制的形成和运作来推动企业的再次崛起。

第八章　影响高管人员胜任力与企业成长匹配的因素与优化高管胜任力的对策建议

高管人员胜任力获得和运用不仅取决于高管人员自身胜任力结构和能量，取决于企业成长不同阶段的任务情境和目标要求，而且还要受到多种因素的影响。作为企业的高管不仅应当努力将个人胜任力与企业成长情境协同匹配，而且应当克服个体胜任力改变和演化的各种障碍，优化自身的高管胜任力。

一、影响高管人员胜任力演化的主要因素

高管人员作为企业经营发展的中流砥柱，他们的胜任力结构与能量从根本上决定了其个人职业业绩和声誉，也直接决定了其所任企业的业绩与成长方向。在经营竞争的现实环境中，他们能够因势正确地改变自己的胜任力结构与能量，不仅决定于其个人主客观因素，也受到甚至取决于外部的综合影响力或制衡力。

（一）组织环境因素

本书的研究实际上就是分析动态变化的组织内环境和任务环境对高管人员胜任力的要求与影响。这是从整体动态变化角度分析组织环境对高管人员胜任力的影响。除此之外，企业组织环境中的单项因素也会单独或联合影响高管人员的判断和胜任力的变与不变。

1. 企业性质与高管胜任力

在我国，企业根据所有权结构的差异，可以分为国有企业（家族、集体、合

资）、民营企业、混合所有制企业、外商独资企业等。不同性质的企业其组织管理文化、经营主导权、控制权、竞争压力都有较大差异，因而，高管人员胜任力及其演化也会有较大差异。

对于国有企业而言，企业的经营目标除了获取利润之外，更多的是如何承担更大的社会责任，经理人要做的更多的是如何动用国家资源，做大做强国有资产，执行好政府政治稳定与经济发展之间的政策衔接。这种经营理念也决定了高管经理人工作重点侧重在战略执行和资源关系层面。在国内，多数国有企业的高管人员需要具备较好的知人善任能力、战略发展能力、权力运作能力和资源整合能力。而在私营企业中，经营目标被明确地定义为获取利润和保持成长性，高管经理人需要做出更多的内部执行活动和更精细的经营活动，比如目标执行、绩效管理、顾客反馈等方面的工作，这就要求经理人有更多的概念思维能力、科学决策能力和规范管理能力等。

2. 行业因素与高管胜任力

行业环境包括行业技术状况、行业市场稳定性、行业市场集中程度、产品特征及行业相关政策环境等。在不同的行业中、相同行业不同工作岗位上，因为需要面对的经营管理工作各不相同，因此需要的高管人员胜任力也是不同的。一般来说，处于新兴行业特别是高科技行业的高管其胜任力的可变性要求要显著高于行业比较稳定成熟，特别是传统制造行业的高管人员。新兴行业的高管人员一方面要面对缺乏成熟惯例的行业与企业未来前景，另一方面又要面对快速变化的市场竞争环境，还有变动较为频繁的人员团队，其高管胜任力当中的应变特质、承受压力调控情绪、学习创新、决策判断能力等胜任力要素，要比稳定成熟行业突出。进一步而言，处于不同行业的企业所提供的产品与服务是不相同的，而不同的产品与服务就要求具有不同的专业知识及经营管理能力，对于可利用资源较少、竞争较为激烈的新兴行业来讲，要做大做强企业就要求经理人应具备一个创业者应该具备的基本胜任力，在综合分析竞争环境和内外部信息的基础上，做出大胆的战略猜想和决策，通过与社会的互动活动来扩展企业的销售网络。从这些经营活动中可以分析出这个行业高管经理人的胜任力培养要侧重在机遇能力、风险能力和社会关系能力方面。

3. 企业文化、管理团队与高管胜任力

许多企业在现任高管经营不力，或企业陷入竞争力下降及成长乏力时，都有从内部更换高管，或从外部空降高管来改变企业经营格局的做法。从外部空降高管改变企业竞争不力的案例成功的不少，但是失败的往往更多，比如宏碁曾经将国际上极有名的 PC 公司的高管挖过来，要重金打造宏碁的国际级 PC 制造经营事业部，这些空降来的高管，每个人在其过去任职的公司比如惠普、IBM、康柏等都证明了其高管胜任力，但是在宏碁平台上，因为经营文化冲突这个空降团队并没能很好地合作，达成宏碁的战略目标。类似的故事也发生在北大方正请在惠普 12 年的惠普高管李汉生掌控方正电子，虽然初期小有成效，但最终他的改革没有成功，未能给北大方正带来焕然一新的业绩与成长力。许多同行分析，李汉生的业务技能胜任力应该没有问题，主要的症结在于空降高管与北大方正的企业文化环境、上下级互动关系存在较大的冲突，双方的管理成本均较高，只能和平分手。高管人员胜任力的现象与改变，如果不能得到高管团队成员的认同与支持，不能适应公司的企业文化，尤其是领导习惯，而又不能在有限时间内取得企业经营佳绩，那么，他的胜任力就会被质疑，或者被认为不适合本公司，最后的结果可想而知。

除了上述因素外，企业规模也可能是高管经理人胜任力演化的重要影响因素，企业规模的大小会影响高管经理人的社会关系能力、规范管理能力、科学决策能力、战略规划能力、组织能力和学习能力。企业规模越大，高管经理人所面临的战略运营工作就越复杂，在信息收集、资源分配上也要分配更多的精力，要规范企业的管理流程，站在战略的高度规划企业的长期发展战略，并且要不断地学习新的知识以更好地应对瞬息万变的经营局势。

（二）个体主客观因素

对于处于经营管理高位的高管人员而言，由于企业生存和竞争的形势变化比较快而且复杂性不断递增，这要求高管要不断适应环境和任务要求，改变和提升适应动态环境的领导能力和领导风格。但是，在实际情况中，能够做到胜任力自主动态变化，达到持续适应经营环境要求的高管也并不是为数众多，相反，屡屡败走麦城或经营挫败的高管倒是屡见不鲜，这一点从企业的平均寿命周期普遍较短就可以确信。

1. 心智刚性与高管胜任力

企业家和经理人取得成功几乎都耗费大量的心血和汗水，一旦成功，在奋斗过程中形成的知识、经验、能力和精神品质将得到不断强化，成为其今后经营管理可以信赖的基础或者支柱，后续获得的能力或者发展的偏好，都是对这个基础或支柱的完善和修改。如果不出现重大变故，曾经成功的高管胜任特征将被不断延续，即使工作环境或经营环境发生了较大变化，也很难改变，这就是“心智刚性”，伦敦商学院的萨尔教授对此指出：“行为惯性是一种沿袭着以往的行为模式的组织趋势——即使目前环境已发生重大变化”，“战略构建成为障眼物、程序变成例行公事、关系变成桎梏、价值变成教条式行为惯性的四大特征。”高管胜任力是其过去优秀经营业绩取得的前提，在未来经营管理中，出于心理定式、经验依赖，大多数高管仍然根据既有的胜任力，适当融合新的要素来创造未来的发展。这种心智刚性将制约高管胜任力的演化范围与能力，从而影响高管对企业成长的方向、目标和过程的决策与行动，并在很大程度上决定了企业成长和竞争的结果。这一点我们从史玉柱与巨人集团的成长演化的案例中可见一斑。

2. 职业背景与高管胜任力

许多的研究已经证实，高管背景（工作经验、任职年限、行业背景、专业技能等）对他们领导的企业经营业绩有重要影响。实际上这些背景有的直接就是胜任力的要素，比如工作经验、行业背景或专业技能，有的能够凝聚高管胜任力。进一步而言，职业背景和企业业绩之间的关系，可以体现为高管胜任力要素与企业业绩之间的关系（但不宜反过来）。我们在问卷调查中恰好设计了高管职业背景与高管胜任力随企业成长周期演化的调查项目。结果显示：“有创业经历、有大企业高管经历”“高管经历长”的企业高管能够胜任企业各阶段的企业经营管理，而“任职行业数量多”的高管未必能够胜任企业各阶段的经营管理。我们的研究案例也支持了“有创业经历”和“高管经历长”的高管背景有助于他们胜任不同阶段企业成长的经营和管理。

（三）市场环境因素

企业面对的市场环境和社会环境也会对高管胜任力的形成和改变有影响。这里讲的市场环境包括经理人市场环境和行业市场环境。如果经理人市场的竞争状况比较激烈，为了提高自身竞争力，高管经理人势必会对自己的能力有较为严格的要求，并且对自身的职业生涯规划有较明确的规划，在把自己定位到某个具体

行业的时候，会更加深入地了解行业内部的一些具体规则，进而改变自己的胜任力结构，以期望在进入企业和执行管理职能的过程中能更好地契合企业发展，提高绩效水平；同时危机感也会促使他们不断学习，在胜任岗位的前提下不断提升自己。在这种情况下，高管经理人的自觉学习和适应组织的行为会大大减少企业对他们的培训工作，将注意力集中到降低成本和提高产品质量上面，是一个“双赢”的局面，这种情况下要求经理人所具备经理人的胜任力要素类型就比较广泛。

市场竞争程度也会对经理人的胜任能力提出不同的要求，当企业所处市场环境的竞争不够激烈的时候，企业外部环境相对宽松，能够拥有较大的对市场的主动权，这种情况对高管经理人的胜任能力要求不会过于严格，在管理执行过程中如果没有对企业经营业绩造成大的影响不会轻易变动经理人结构；相反，如果市场竞争程度比较激烈，企业想要长远发展必然会遇到很多危机和紧迫的任务，相应的经营管理环境就比较动荡复杂，这也要求高管经理人具有较高的胜任岗位工作的能力，并且会加强经理人的拓展能力培训，使他们有高于所处岗位的能力，能及时地识别经营环境的变化做出应对策略并具有良好的危机事件处理能力。

此外，社会环境也会影响高管胜任力的结构和变化。经理人的社会人属性决定了他在从事企业经营管理的时候会受到各种社会因素的影响，经理人必须随时关注政治导向、企业经营环境、企业资金来源以及整个社会的经济风尚等诸多因素。如果经理人面临的经济形势良好，资金来源比较充裕，政府制度相对透明，那么企业的顺利运营对经理人的胜任能力要求就相对较低，经理人会将精力专注在企业内部，加强自身科学决策能力、规范管理能力、组织能力、学习能力等相关胜任力要素的提高。

相反，如果所面临的社会形势比较复杂，经理人就不得不花费一定的精力在改善与政府、社会组织的关系，努力攻坚资金障碍上，这个时候要求经理人应该具备的胜任力要素类型就比较多：社会关系能力、规范管理能力、组织学习能力、科学决策能力等。

二、优化高管人员的胜任力的对策建议

优化高管人员胜任力，或者促进高管人员胜任力的跃迁，是高管个体和企业组织都十分关注的事项。要做好这项工作就必须从企业成长视角探索高管胜任力优化的内容与重点，从影响高管胜任力的组织因素和个体因素着手开展高管人员胜任力的优化与提高。

（一）基于企业成长视角设计高管胜任力优化项目

企业成长过程中，企业所面临的外部经营环境和内部组织条件在不断发生变化，企业高管面对的任务环境差异较大，要求高管具备的通用性胜任力和鉴别性胜任力结构要素会有很大的不同。因此，不应该想当然或者按照一般经验来进行高管人员胜任力组织学习或自我学习，而必须根据企业发展阶段要求和高管现有胜任力特征进行综合设计。

根据本书对高管人员与企业成长关系的研究，我们提出了企业成长四个阶段高管人员胜任力优化的主要内容（项目）。

1. 创业阶段的胜任力优化内容

在创业阶段高管人员或创业者需要具备的通用性胜任力主要有机会把握能力、市场感知能力、行业工作经验和学习创新能力；他们在角色个性特质方面应有机会洞察意识、强烈的责任感、自我实现的强烈愿望、冒险精神和风险承受力、激情感染力和对成功高度的自信。因此，在胜任力优化方面应当有：商业机会的创造与商业模式设计、优秀创业案例、优秀企业家案例的激励、信息收集与处理、创业企业市场销售知识与技巧、励志训练、创新灵感与实现、团队沟通与激励等。

2. 快速成长阶段的胜任力优化内容

当企业从创业阶段步入快速成长阶段的时候，企业发展有了初步的稳定性，并且表现出蓬勃向上的气势。这个时候要求高管人员不仅要有优异的经营胜任力，而且要具备较高的管理胜任力。通用性胜任力包括计划执行能力、战略规划

能力、目标管理能力和组织沟通能力；要求高管在角色个性特质方面应具有大局观和远见力、把握管理角色、能知人善任、做好表率示范、追求结果导向、识别和适应经营管理各种变化。因而，在胜任力优化方面应当考虑：管理科学知识与技能、成本管理与控制、执行力、人才发现与任用技巧艺术、客户服务与经营、经营战略的知识与技能、领导行为修炼、分权的能力与艺术、小企业管理成败案例等。

3. 稳定发展阶段的胜任力优化内容

企业进入到稳定发展阶段的时候，企业成为一个稳定有序管理的系统，企业积累较多的资本和资源，有了较为稳定的市场、客户乃至影响力，需要通过文化、制度、愿景（目标）来控制和激励全员努力工作，培养核心能力，应对外部竞争，提高企业的整体竞争力。这个时候主要考验的是高管的管理胜任力和战略经营能力。这个阶段的通用性胜任力包括资源整合能力、战略规划能力、文化建设能力、学习创新能力，要求高管在角色个性特质方面应具有大局观和远见力、把握管理角色、老道的为人处世、人本关怀、高度的敬业精神、理性分析能力、稳重内敛的管理气质等。因而，在胜任力优化方面应当考虑：企业文化建设与实施、管理创新灵感与转化、职业经理人气质修炼、战略规划与战略运营、人本管理的科学与艺术、领导行为修炼、品牌经营与品牌战略运作、高度的自我管理意识与能力、大企业经营成败案例、企业风险管理等。

4. 衰退危机阶段的胜任力优化内容

如果企业经营不当或者外部经营环境急剧恶化，致使企业陷入衰退危机，那么企业管理团队核心的工作只有两项：应对经营危机保持生存、保持内部稳定保留核心，高管唯一的目标就是如何让企业安度危机获得新的成长机会。这个阶段的通用性胜任力包括整合资源能力、危机协调能力、激励下属能力、决策判断能力和学习创新能力，要求高管在角色个性特质方面应具有高度的责任感、关系思维、换位思考的意识和艺术、强烈的自省意识、适应危机变化的能力、压力缓解和情绪调控力。因而，在胜任力优化方面应当考虑：企业战略转移的方法与案例、企业危机处置与管理、公共关系与资源获取、商业机会的创造与商业模式设计、创新灵感与实现、人员保留与激励的方法与艺术、企业的分拆与重组方法、企业创业的案例、心理减压方法、人际沟通方法与艺术、高度的自我管理意识与能力等。

（二）强化组织培养与工作环境以提升高管胜任力

组织培养仍然是企业高管人员获得与改善胜任力的最重要途径；并且为高管创造有利于其胜任力发挥和自我改变的组织环境，也是企业获得持续成长，保有竞争力的必然之途。

1. 强化组织培养训练以改善高管胜任力结构

企业应当通过环境网络、市场网络、专家型网络和内部组织网络来对高管人员组织定期或不定期的训练营、头脑风暴来提高现任高管或未来高管的胜任力，具体而言可以通过通用性胜任力和鉴别性胜任力的组织学习来改善高管胜任力的结构与质量。

首先，加强基准胜任力培养，提高其知识技能层面的胜任力。在这里专业技能主要是指高管人员的业务运作能力、变革应对能力和人际关系处理能力。对于工作多年的经理人来说，必要的知识、技能培训是必不可少的，因为周围环境是在不断变化的，这些变化在给企业带来挑战的同时也带来了发展的契机，公司所处的环境处于不断变化当中，所遇到的问题也会经常变化，因此要不断地引进新的知识、新的管理方式、新的可持续发展战略，要适应这些新环境，就需要经理人不断地学习，及时地进行培训。对业务运作能力的考察与培训，可以模拟具体情节进行无领导小组讨论，考察训练高管是否能够迅速理解问题产生的原因，是否掌握了基本的方法或工具，是否具备高超的解决业务上问题的潜力。

无论是基础的生产运营活动还是管理活动，要得到进步就需要进行不断的创新，而且在内外部工作环境中也会不断地出现各种突发情况需要应对，这就需要经理人具有一定的变革和突发事件应对能力，要了解他们是否具有创新观念，是否愿意尝试新的方法和技术来改进工作、优化流程、提高效率。

其次，加强对经理人鉴别胜任力的培养。高管经理人鉴别胜任力是冰山模型中的社会角色、素质品质、价值观、动机等部分，即各项能力中潜在的、不容易观察但确实区分优秀与一般经理人的关键胜任力要素。因此，加强高管人员鉴别胜任力的过程是一个较难且较为持久的工作，要端正其角色定位，通过企业文化和价值观影响经理人本身的价值观，进而更好地融入企业，笔者认为，可以通过以下几个方面的培训来提高经理人的鉴别胜任力：

（1）管理角色的培训

社会人和职业人角色之间的转换是影响高管人员胜任力的重要方面，对这方面的培训要集中在对经理人的角色认知上，高管人员在工作中扮演的是管理者的角色，要了解作为一个管理者所要达到的标准是什么，应该如何应对工作中的压力。另外，职业化的心态也决定了高管经理人能否更好地胜任工作，将工作和生活分开，更理智地应对工作中出现的问题，将自己的人生观、价值观融入公司的价值观中，追求工作上的成功，在认真工作的同时致力于如何改进工作流程，每天都要以全新良好的心态面对工作。

（2）价值观引导

价值观是指一个人对周围的客观事物的意义、重要性的总评价，经理人是社会人，会有自己的价值观念，这种观念可能和企业的发展目标相契合，也可能相背离，价值观是决定人行为的心理基础，它通过影响人的动机来改变人的行为。为了使高管人员能更好地胜任本职工作，将公司的目标融入自己的职业发展目标中，要做好对他们的价值观引导工作。在这里就要发挥企业文化的力量，以文化为载体将企业价值观念导入经理人的意识中，尽量减少二者相冲突的部分，在平衡的基础上达到双赢的状态。

（3）职业化动机培训

这里的职业化动机，主要包括职业化素养形成和服务动机的形成，职业化素养就是企业员工在从事职业的时候，不断形成的特有的敬业精神、个人素质、个人道德修养、行为规范等；而服务动机主要是引领员工形成服务公司、服务客户的信念。这是两个较深层面的胜任力素质，因而改变起来也需要较长的时间，最好的办法是借助企业文化和企业价值观的渗透力量，在不断弘扬企业目标、企业愿景的过程中潜移默化地改变高管人员的工作动机。

2. 优化组织环境促进高管胜任力改善

前文已述高管人员胜任力的改善与运用，与企业组织环境条件有很大的关系，企业的组织结构、组织文化、领导团队、经营业绩等都会影响高管胜任力，他们之间有彼此互为因果的关系。在组织环境因素中，最重要的其实有四条：企业文化、高管团队、权力结构、业绩考核。要促进高管胜任力的改善，首先，企业应该培养或形成“鼓励变革、容忍失败、小失败大进步”的变革创新文化传统，将不断改变、有创新办法和效果、宽容适当犯错作为全员应当有的工作行为和考核标准之一，将变革创新作为考核高管人员的工作业绩之一，这种宽容变革创新的文化，一定有助于高管胜任力的改变。其次，任何企业高管不是一个人在

“战斗”，而是依靠团队的力量来经营，个别高管虽然能力和精神都很优秀，如果没有团结和优秀的团队支持，其领导企业成长的能力和业绩将大打折扣，甚至完全抵消。同样，随着企业成长阶段的变化，高管胜任力改变也不应是一两个人的改变，而应当是管理团队的整体改变，只有整体改变才能带来高管胜任力全局改善。再次，权力结构的合理配置与重组也是高管胜任力改变的非常重要的变量，任何一次改变都可能带来内部企业权力结构的变化，所以，在促进高管人员胜任力改变之前，就应当将权力结构的调整与承诺，和胜任力的改变挂钩，制约和激励高管人员不断改善其胜任力的结构与质量。最后，就是能够给予高管人员胜任力改变一个相对充足的时间，适当放松对高管其他方面的业绩要求，而增加对其胜任力改变与效果的考核，通过绩效考核的调整来促进高管胜任力的改善。

（三）高管人员胜任力的自主优化

高管人员胜任力优化的根本还是取决于高管人员的自我能动性，即通过突破自我惯性和定式，获得自我学习的成就动机与动力，来改变自我胜任力的结构与能量。我们的调研与案例分析都充分说明了企业成长过程中高管人员胜任力自主进化的重要性。比如，在企业稳定发展阶段和衰退危机阶段，受访经理人认为经理人的鉴别胜任力中，要有理性思考、自省意识、换位思考的个人特质，加上几乎每个阶段都出现的“大局观和远见力”，实际上都在暗示高管人员提前自主学习和自主优化个人胜任力的必要性。在史玉柱与巨人公司的成长演变案例中，史玉柱在经历第一次创业从成功到失败的过程后，对自己做了深刻的反思，他说，“人只有在低谷才能学到东西，所以那段低谷的东西才能作为衡量后面事的一个尺子”。他总结了自己作为企业的开创者和最高管理者在企业经营管理方面存在的能力和个性不足，这为他重振巨人做好了足够的心理准备。当史玉柱第二次创业成功，企业在保健品乃至当前的网络游戏和多元化投资领域不断扩张和成长时，他尽可能控制住自己事必躬亲、权威主义和冒险出奇的个性特质，而充分地培养和发挥下属高管和中层经理人的胜任力。在收购 51. com 股权的过程中，史玉柱只作为公司的法人代表出现了两次，整个收购过程都是由公司的高管刘伟主导完成的，史玉柱本人如今很少出现在公司，但公司的经营管理却运作顺畅。正是由于史玉柱胜任力的自主进化才有了再次创业的成功和如今的稳步扩张。

因此，作为企业高管，不断辨识企业成长内外部环境的变化和要求，通过各

种机会（同行交流、系统学习、客户沟通、下属交流、竞争对手学习）向他人学习并修正和优化自己的行为，实现胜任力的自我跃迁，是高管经理人避免失败持续成功的必由之路。高管人员胜任力的自主优化应当注意以下几点：

1. 以“舍得”之心克服胜任力的刚性

高管人员胜任力进化的最大阻力来自对自己过去成功经验与能力的迷恋与依赖。如果工作环境的改变要求自己放下过去大部分的经验和常识，而重新开始学习和适应，获得全新的能力，这对于任何一个高管而言都具有很大的挑战性。比这更有挑战性的是要求高管改变自己的领导风格、管理习惯甚至职业个性，内敛深沉的要变得有攻击性、精于计算的要不计成本、喜欢指挥的要惜言如金、精于做事的要转为左右逢源……只有勇于舍弃不合时宜的“优势”，才有机会获得更有竞争力的能力和品质。任何一次战胜自我的过程就是取得更大成就的开始。

2. 要结合企业成长的要求而变

只有准确把握企业成长的态势、任务环境，将企业战略发展、自身岗位的工作要求和自身的能力品质紧密结合，才能准确定位需要“舍弃”的胜任力要素有哪些、需要改变的胜任力要素有哪些、需要增加的胜任力要素有哪些，有清晰目标的胜任力进化，才是高管胜任力改变的方向。

3. 提前预判，相机而动

企业的经营管理工作时间紧、变化快、压力大、目标要求高，如果等到环境变化了才来做出胜任力的整体进化和改变，往往会陷于被动。作为高管人员不仅要有对企业的“大局观和远见力”，更要有对自己职业能力发展的远见力，要能够根据企业发展形式、同行企业和企业家的经验教训，提前做出预见和判断，提前做胜任力学习和调整的准备工作。

4. 选择恰当的胜任力学习与改变的方式

不同的胜任力要素，它获得与改变的过程与难度差别很大，改变以后，同时和商业伙伴的接受过程也有很大差异，所以，高管人员还应当注意胜任力演化的方式方法。知识和技能类的胜任力相对较容易改变和接受，同行学习交流、专业培训、考察参观、摸索试验就容易上手，但是涉及角色个性的调整与改变，则需要很长的时间，并且下属和同事的心理接纳往往很难，需要选择合适的时机和力度，否则会适得其反。

三、互联时代企业高管胜任力塑造建议

前文中对互联时代高管胜任力的特征分别从概念思维、战略整合、组织协同以及领导沟通四个方面做了一定的介绍和分析，但这些理论也仅仅是起到启发和指导作用，能否真正落地还需要实践的检验。另外，面对灵活多变的商业环境，这些互联网企业要么抓住机遇一飞冲天，独领风骚，要么一着不慎满盘皆输，黯然收场，这些大起大落每时每刻都在刺激着每个高管的神经。相比工业时代，当今时代对高管的胜任力要求更高，那么互联时代企业高管应该如何塑造自己的胜任力呢？这里结合互联时代的特征以及实际情形对高管胜任力塑造提出以下四点建议。

（一）培养互联网思维洞察力及转化能力

互联网企业是一个“吃青春饭”的企业，要想让企业保持青春活力与激情，就必须有一个能够适应互联网思维的“大脑”。因此，这就要求互联网企业的高管必须要有优秀的互联网思维洞察力，互联时代下诞生出了不少新的思维，比如流量思维、跨界思维、平台思维、极致思维、用户思维、简约思维、大数据思维、迭代思维、社会化思维等，能够及时发掘并学习。这里建议高管要刻意培养自己信息“嗅觉”以及发散思维，比如面对商业生态关系的改变，要及时从中察觉到其中价值方向的转变，相互关系的转变以及边界的模糊化，进而将这些变化发散到自身企业中，考虑企业、产品与用户之间的重新定位，及时调整自己企业与竞争企业之间的关系等。此外，还要转变以往思维模式，正如互联网企业的组织模式转变一样，高管的思维方式也要转变，从以往的管控思维转变为“无为”思维，将自己转至幕后，给予下属发挥的平台和机会，接受来自下级的建议和灵感，对于富有创新性的建议要学会采纳。

除了具有敏锐的洞察力外，高管还要具备将互联思维与企业能力和资源有效连接，将之转化为高价值决策方案。以跨界思维为例，身为领导者要善于通过跨界跨组织的学习激发组织创新，可以让组织成员参与一系列跨越组织边界的学习

交流活动，打开视野，激发灵感与热情，并结合自身的工作，探索出创新性的问题解决方案，从而为组织创造价值。同时要及时为企业寻找企业跨界发展需要的人才，要善于发现和培养跨界人才，将其吸引和培养成为企业跨界发展与跨界领导的中坚力量。

（二）培养适应 VUCA 商业环境的战略整合能力

互联网企业发展的战略特征既模糊又明确：争夺用户基础（流量）、数据平台、用户的黏性程度和共生价值等资源，从数据、用户出发连接资源并建设生态化平台。这种战略特征要求公司的高管要具有适应 VUCA 商业环境的战略整合能力。这种能力具体解释为高管要在适应 VUCA 商业环境的基础上，结合资源、用户和机会的变化，将企业的战略能力、潜在机会、资源动员性有效结合，快速有效地实现企业连接资源整合，促进跨边界整合与跨边界竞争力的形成，进而打造或接入生态平台，使企业具有互联互通、共生竞争的平台竞争力。

要培养这种能力，首先，高管要学会利用数据来进行企业的经营管理。通过对相关数据的分析整理，可以清晰地掌握消费者对于产品的使用情况、满意度、产品销售业绩、适用人群以及竞争对手的经营状况等，从而制定更加具有针对性的决策。这样既避免了主观情绪的影响，使得决策更加客观准确，又减少了企业因决策失误而带来的损失，规避了许多决策误区和风险。其次，在制定战略时高管要具有勇于变革、勇于冒险以及勇于创新的精神。面对复杂多变的商业经营环境和自身企业的实际情形，管理者必须要有打破思维和常规的勇气，并且要善于在变革的过程中不断地聚焦人才、培养人才、发掘人才，不断地进行创新。

（三）培养审时度势的组织协同能力

互联网企业的组织边界越来越模糊，领导者依托法理权力的力量越来越淡化，依靠信任、契约、共生利益等非权力性影响力的情形越来越多。这种变化对互联网企业高管组织胜任力提出了新的要求：从“组织协调”变为“组织协同”。协同的要义在于企业高管要善于根据组织环境、内部能力和组织任务特征，审时度势地进行快速、科学的架构组织与（虚拟）团队形成平台化组织，能够有效地动员各种资源与能量快速打造组织与团队的竞争力，善于开放性地连接外部组织，善于化异求同协调沟通，并使内外部组织与团队协同一体，取得卓越业绩。

要实现这种能力，就要求企业的高管平时多关注组织内的每一个成员的性格、能力等要素，并为他们找到合适的定位，激发个体潜能，让他们在团体内的能力得到最大化的开发，为企业创造价值。另外，高管要实现自己的组织协调、运营能力以及团队规划设计能力、组织与团队的平台支持能力，还要放低自己的姿态，为人要谦和、低调，将每个组织成员视为共同创业、共同发展的“事业伙伴”而不是领导者业绩与晋升的铺路石，必须将自己视为员工成长的“教练”，在业务合作中，为下属输入“成长能量”，在共同合作中，促进员工能力和责任承担的“双提升”。

（四）培养有效沟通的能力

有效沟通胜任力应当包含四个方面的主要特征：共享愿景、赋能激励、智慧沟通、平台领导。首先，高管应善于建构融合组织、下属、商业伙伴甚至用户的共同愿景，并善于将其共享到组织/团队，使成员感受到共同利益、共同事业的价值与意义，激发所有成员的共同体意识、信任感和目标追求。其次，在激发了成员的共同愿景或目标后，高管能够为下属的能力成长与业绩达成进行行动赋能，激活下属的工作活性与动能。再次，善于利用工作关系、沟通情境以及沟通技巧，在组织内成员间搭建高效、平滑、亲和的沟通渠道与平台，发挥高效沟通的影响力。最后，要善于进行跨组织、跨边界的合作沟通，善于塑造和发挥平台聚合引领作用，跨界凝聚与激发利益相关者的能量。

要培养这种能力，高管要学会与组织内的成员之间实现平等对话，与下属相互分享自己的愿景、目标等，从而实现双向交流，最终达成共同的愿景与目标。另外，要建立一套透明化的信息系统使赋能可以顺利进行，过去的管控是因为信息不对称，如今把信息透明化，促进赋能的实现。要进一步激活员工，则需要设立多岗位，赋予员工合适的角色，让员工自己在角色中成长起来。最后，也是最重要的一点，高管一定要注意自己公司的文化引领，对所提倡的文化精神进行大力宣传、引领，通过日常谈话、特殊庆典、大会小会反复讲述和灌输，同时率先垂范，躬身实践、通过“布道”，在每个员工的心中播种变革的“种子”，影响员工的思想意识、价值观念，增强互联网企业组织的向心力和凝聚力。

第九章　结论与创新之处

高管人员作为企业组织的“大脑”，他们的岗位胜任力基本主导了整个企业组织经营业绩和竞争力，他们的岗位胜任力能否与企业成长演化相匹配直接决定着企业成长能力与状态。本书通过理论分析、问卷调查和案例研讨，获得了这一主题较有价值的研究结果和可能的创新点。

一、结论

通过层层推进的分析讨论，获得了高管人员胜任力与企业成长匹配关系的多项研究结果，主要内容可以概括为以下五点：

（一）高管人员胜任力包括若干共性胜任力要素构成胜任力的一般模型

大量的研究分别以“企业家”“高层经理人”“高层领导者”（或企业领导人）等研究称谓来指代高管人员，对其进行胜任力的研究。研究者根据自己的研究结果提出各自关于高管人员胜任力的要素和特征模型。在“屏蔽”掉高管人员从事工作的行业差异、专业背景差异、企业规模差异、企业发展环境差异、组织文化差异、组织结构差异等外部或历史条件的差异后，可以根据现有的关于高管人员胜任力的要素和特征模型的研究成果提炼出高管人员“共性胜任力”要素及其一般模型。这些共性要素包括：

1. 概念思维胜任力

优秀高管人员较之一般者能够更准确、更实质性、更全面、更迅速、更主动地对企业经营管理各种事项和问题做出分析、归纳、推断、决策和应对。它的二级胜任力指标至少包括：机会洞察、认知能力、信息搜寻与判断、问题感知与解决、知识经验吸纳应用能力、创造力等。

2. 战略管理胜任力

优秀高管人员较之一般者有更明智的战略意识和战略洞见，更善于和更有效地做战略筹划和实施战略运作。它的二级胜任力指标至少包括：愿景设定、战略预见力、战略决策力、战略计划与实施。

3. 领导组织胜任力

优秀高管人员较之一般者有更高超的驾驭组织和下属的领导艺术和能力，其“搭班子带队伍”虽然更有其不同“妙招”，但其二级胜任力指标至少包括：愿景感召力、非权力性影响力、配置资源能力、整合资源、授权、引领变革、团队合作、知人善任等。

4. 管理控制胜任力

优秀的高管不仅关注整体的领导和把控，重视权力的分配使用和资源的配置，而且重视科学的“流程管控”与恰到好处的“细节管理”。管理控制胜任力的二级胜任力指标至少包括：目标执行能力、制度流程管控力、人际协调能力、关系协调、效率与成本、激励、冲突管理等。

5. 自我管理胜任力

优秀的高管其本身综合素质、心智模式和印象管理能力较之一般者有明显的差异，他们有更加强大的自我管理和自我激励的能量。自我管理胜任力的二级指标至少包括：自信、成就欲、价值感召、自我调控、适应变化、创新学习、亲和力、表率示范等。

这五个高管胜任力维度无论是在哪个行业，或者企业处于何种发展境遇及发展阶段，身处其位的高管人员都必须使用，而是否全面具备这五个方面的“胜任力”，则成为区分优秀和一般的根本。结合 Spencer 的胜任力冰山模型可以将上述共性胜任力要素结构化，形成高管胜任力的共性模型。

（二）高管人员胜任力结构要素应当随着企业成长环境的发展变化而协同演化

高管人员的任何经营管理活动都是在一定组织条件下展开的，换而言之，高管人员的岗位工作的履行和经营领导行为的实现都是在企业内外部动态情境关系中进行的。企业成长情境不同，其任务和目标也会不同，这种任务情境的变化必然要求高管人员调整其胜任力结构要素以保持企业的持续成长。通过分析企业各阶段成长任务环境的变化，从理论上发现并总结了企业生命周期各阶段高管人员胜任力的演化结构。

（三）高管人员胜任力与企业成长的匹配关系的理论分析与调查结果既有一致性也有明显差异

总体而言，高管人员胜任力演化的理论分析与调查结果，一般有两项是比较一致的，比如创业阶段的“机会能力”和“学习能力”、稳定发展阶段的“战略规划能力”和“整合资源能力”等，不过，二者的差异和分歧仍然十分明显。比如：在知识技能胜任力方面，创业阶段两者在机会把握和市场感知能力方面基本是一致的，但受访经理人更主要强调行业工作经验的重要性，这在理论分析中并没有，而理论分析所主张的“组织能力”“资源整合能力”和“学习创新能力”均没有成为受访者看重的创业高管胜任力选项。企业衰退危机阶段，理论分析和实践调查结果差异很大，二者只是在“整合资源能力”“创新能力”方面相同，其他的均不相同，受访经理人认为这个阶段的高管“决断力”和凝聚下属的能力特别重要，所以把“决策判断能力”和“激励下属能力”放在核心胜任力位次。

又比如在鉴别性胜任力方面，在创业生存阶段，理论分析认为创业高管需要良好的决策、市场分析和成本分析的思维，而调查结果则显示创业高管要有高度的责任感和良好的机会洞察力、大局观与远见力；二者在创业高管人格特质上都强调自信、冒险精神，但理论分析主张的“适应变化”和“忍耐”的人格品质没有得到受访经理人足够的支持，后者认为还需要具备“激情感染力”和“强烈的自我实现动机”。而在快速成长阶段，理论分析认为创业高管需要理性分析、战略决策、远见力和总结提炼等优秀思维品质，而受访经理人更强调高管优秀的“角色意识和思维”——远见力、管理角色、知人善任和表率示范；在人格特质方面，理论分析更强调高管自我管理品质：自信、自控和表率，而受访经理人则强调如何适应环境：结果导向、感染他人、适应变化。

（四）互联网企业商业模式与成长特征决定了其高管领导胜任力特征的不同

互联时代，企业通过深入嵌入 VUGA 互联网商业环境，搭建或融入产业生态与大数据平台，创新性地构建与实现服务用户的价值主张、产品结构和盈利模式，吸引和创造用户流量变现，从而实现用户价值最大化和自身商业目标。这与工业时代企业在相对稳定、区隔化、分工分层的商业环境，企业通过集中统一、可控制、分工合作、线性领导的经营管理模式完全不同。工业时代的企业组织惯于使用科层串联的金字塔型组织结构，而互联时代的互联网企业则使用分布式平台化组织结构，平台化组织结构模式表现出企业平台化、员工创客化、组织分权化、内部协作紧密化四个特征，从而更好地迎合顾客需求、传递顾客价值，也能够提高员工的工作效率，提升了互联网企业的整体价值。

在这种商业环境和组织结构模式下，互联网企业高管的领导与胜任力也呈现新的特征结构。互联网企业需要其企业高管善于擘画愿景文化引领，做合作伙伴教练式领导，需要具备良好的互联网思维，塑造和运用创新与变革的企业家精神。围绕这些新领导力塑造基于互联网思维与创新的概念思维胜任力、基于资源用户与平台生态的战略整合胜任力、基于平台团队的组织协同胜任力、基于共享愿景和伙伴激励的领导沟通胜任力。

（五）要从企业成长视角、组织因素和高管个体因素方面着手开展高管人员胜任力的优化与提高

首先，企业成长过程中，企业所面临的外部经营环境和内部组织条件在不断发生变化，企业高管面对的任务环境差异较大，要求高管具备的通用性胜任力和鉴别性胜任力结构要素会有很大的不同。因此，不应该想当然或者按照一般经验来进行高管人员胜任力组织学习或自我学习，而必须根据企业发展阶段要求和高管现有胜任力特征进行综合设计。其次，组织培养仍然是企业高管人员获得与改善胜任力的最重要途径，企业可以通过通用性胜任力和鉴别性胜任力的组织学习来改善高管胜任力的结构与质量；企业还应当为高管创造有利于其胜任力发挥和自我改变的组织环境，应当从企业文化、高管团队、权力结构、业绩考核四个方面来优化高管胜任力改变的组织环境。最后，高管人员胜任力优化的根本还是取

决于高管人员的自我能动性，即通过突破自我惯性和定式，获得自我学习的成就动机与动力，来改变自我胜任力的结构与能量。作为企业高管，应不断辨识企业成长内外部环境的变化和要求，通过各种机会（同行交流、系统学习、客户沟通、下属交流、竞争对手学习）向他人学习并修正和优化自己的行为，实现胜任力的自我跃迁。

二、创新之处

通过对高管胜任力结构和企业成长任务环境变化之间的理论和调查研究，本书获得了四个有创新价值的观点或结论。

（一）提出高管胜任力情境演化的三个角度

针对当下有关高管人员胜任力的研究大多数关注高管岗位或高管个体层面的胜任特征的研究，脱离了高管人员管理工作的具体组织情境，静态地考察其胜任力要素的情况，提出从三个角度将高管人员胜任力嵌入于企业经营管理的情境中，即：

1. 企业成长与竞争的动态情境与高管人员胜任力演化

在企业成长的一个完整周期中（从创业到蜕变或二次创业），企业的生产技术、企业的融资需求与能力、技术创新与转化、供应链管理、企业市场竞争、企业成本控制、企业资本运作、企业渠道运作、品牌策划、客户管理等经营价值链各个环节存在巨大差异，每个阶段需要解决的经营重点问题不同。因而，所需要用的高管人员胜任力的结构和力度必然存在差异。高管人员必须能够识别到企业成长演化的情境变化，而改变调整自身经营管理知识、技能和风格，才能获得与此相匹配的胜任力。

2. 企业的组织情境与高管人员胜任力演化

所有成功的领导者都是在特定的工作情境下，根据现实情况（工作情境变量因素）选择性地发挥胜任特征能力，并在工作情境的依托下获得卓越绩效。就高管人员胜任力的研究和实践而言，只有建立一种具有情境依赖性的结构性胜任力模型，才能有效预测高管人员的胜任力。这里的组织情境至少包括三个层次：社会文化与市场情境、制度与结构情境、组织文化情境等。

3. 高管及其团队的自组织情境演化与高管人员胜任力

高管人员及其团队个体本身具有改变或转换胜任力的动力诱因，从而使胜任力发生演化。在高管人员职场生活中，个体职业生涯目标追求、个体工作经历、组织和岗位目标压力、工作情境中自学习能力构成了个体的自组织情境，这种自组织情境在潜移默化地持续推动高管人员或是主动有意识或是被动无意识地进行胜任力结构的改变和转换。

（二）通过理论分析与调查结果对比提炼获得高管胜任力与企业成长匹配协同的分析模型

在提出高管胜任力与企业成长匹配的理论关系模型后，由通过对企业在经理人员探索性调查获得二者的调查结果模型，通过统计分析和比较研究，以调查得出的企业成长任务情境为背景，在调查结果基础上，吸收理论逻辑的优点，修正高管胜任力与企业成长匹配关系调查结果的漏点瑕疵，形成高管胜任力与企业成长匹配关系的分析模型。而此前的大多数研究几乎都是研究者通过理论分析和研究推理获得了企业家胜任力结构模型。

（三）提出并初步验证了高管背景胜任力与企业成长关系问题

本书除了考察高管内在结构性胜任力与企业成长关系外，还引入“高管背景”变量，探索良好的高管背景是否能够增强高管对企业成长各阶段的适应性，或者说什么样的高管背景有利于胜任企业整个生命周期。为此，本书选择了创业经历、任职行业数量、大企业经历、任职企业数量和高管经历时长这五个指标来表达“高管背景胜任力”作为探索性研究，这五个指标采用定性方式来表述，如“任职行业越多”“高管工作经历越长”等。研究结果证实“有创业经历、大企业高管经历、高管经历长”的企业高管能够胜任企业各阶段的企业经营管理，而“任职企业数量多”的高管未必能够胜任企业各阶段的经营管理。

（四）提出互联网企业成长与高管胜任力结构的特征

互联网企业的成长生命周期与传统企业有很大的不同，比如初创期，与传统

制造或服务类企业相比，互联网企业的主要任务是寻找顾客需求/痛点，围绕痛点进行集中开发创新并打造新的商业模式，然后通过社会融资方式迅速获得资本，依靠其巨大的资本快速在网内吸引流量。如果顾客需求/痛点得到很好的解决，则可能快速跳过成长期而进入巅峰期，这也是互联网企业能够在短短几年实现快速成长的原因之一。互联时代下企业更多的是将自己的边界模糊化，甚至打破自己的边界。企业边界的模糊化更意味着企业思维的转变，开始由竞争思维转变为合作思维、共生思维。在这种成长结构特征下，互联网企业高管除了要精通本企业互联网业务，具有行业业务胜任性外，其通用性（工作角色）胜任力包括：基于互联网思维与创新的概念思维胜任力、基于资源用户与平台生态的战略整合胜任力、基于平台团队的组织协同胜任力、基于共享愿景和伙伴激励的领导沟通胜任力，在鉴别性（个体潜能）胜任力方面主要包括：高成就动机与创业胜任力、快速学习与转化胜任力、悦纳变化与灵活应变胜任力。

三、研究展望

企业高层领导者的研究过去、现在和将来都是管理研究永远不会过时的研究领域。就本书而言，我们从胜任力与企业成长周期结合的视角来探索企业高层管理者的能力与风格，通过理论分析和探索调查得到了高管胜任力要素演化，或者说高管胜任力与企业成长情境匹配的基本模型，得到了一些有益的结果。但限于作者现有知识水平、研究时间和研究团队，这项研究有不少值得检讨和有待深入探讨的问题。

首先，本书通过理论推导和实证调查获得了高管胜任力与企业成长匹配关系的要素模型，但是要素模型只是锁定了企业成长不同阶段，高管人员胜任力的结构要素，但是这一结构的层化或量化指标，并没有进行测度和做进一步的调查分析。比如说：稳定发展阶段的高管要有“文化建设能力”这一胜任力要素，然而“文化建设能力”的优秀与一般的标准或标尺是什么、“文化建设胜任力”从哪些指标或项目上来评估，本书并没有做更深入的探索。又比如：快速成长阶段高管角色思维特质（即鉴别性胜任力）中有“适应变化”这一要素，但是适应哪些重要变化、怎样适应变化的表现算是优秀呢，这项研究没有精细探索。因此，在提炼获得高管胜任力演化的要素模型后，后续的研究有必要进一步探索“胜任力要素”的胜任力测度，从质化和量化两个层面提出各阶段高管胜任力的指标体系。

其次，本书的研究从理论、调查和案例三个角度来分析高管胜任力与企业成长演化协同的关系，试图通过实践和实务提炼或矫正高管胜任力与企业成长关系的框架模型，这与已经检索到的类似研究相比，可能更贴近实践。但是由于研究的调查问卷属于半封闭式，每个问题的选项多达 15 项以上，这虽然为受访经理人提供了充分判断空间（回收的问卷基本没有空白应答），但是问卷的数据集中度变得更难，加上本调查因个人资源有限，获得的经理人样本不大（121 个有效样本），这使得对问卷进行复杂的统计分析处理变得困难。所以，本书提出的分析模型和高管背景胜任力仍然需要今后的大样本（800~1000 个案例）调查做进一步的检验。当然，进行大样本调查需要动用较大组织资源，这将大大增加调查的难度和时间成本，也可以采用高管经理人背靠背评价和访谈研究相结合，进行验证和研究。

同样，案例的研究，我们只选择了史玉柱一个案例作为分析讨论，一部分素材来自史玉柱的相关传记和畅销书，大部分的案例素材来自网络，虽然对于网络素材，研究者采用了权威网站（健特生物官网、凤凰网、腾讯网、新浪网、百度网），并使用网络素材彼此印证的办法，但研究者并没有与案主本人交流，对巨人公司内部情况并不了解，案例研究说服力还有待于进一步检验。虽然本案例比较具有代表性和说服性，但是单案例研究可解释力毕竟有限，今后，有必要采用多案例研究方法，对高管经理人胜任力演化实例做更深入的探究。

再次，高管胜任力与企业成长的匹配关系的研究，发现胜任力要素乃至对要素进行测度，都只是这一主题研究的起点，今后值得进一步推进的是，这些要素当中每个要素胜任力在企业生命周期是怎样呈现、演化衰减、再现的，它们对企业在该阶段经营和管理绩效有什么样的影响？在企业生命周期若干阶段出现的要素胜任力，比如：战略规划能力、资源整合能力、适应变化等，它们在高管人员的领导和管理中怎样影响组织发展和组织业绩的？这些问题值得后续做进一步的研究探讨。

最后，随着移动智能互联时代的到来，企业的成长结构特征和生命周期都发生了巨大的改变，许多新创的互联网企业，如 Facebook、小米、字节跳动（抖音的母公司）其从创业到成为世界知名乃至进入全球 500 强，相比工业时代的周期都大大缩短，其商业模式、经营管理和组织结构相比于工业社会发生了颠覆式的变化。本书虽然对这一时代的互联网企业高管胜任力结构进行了探索性研究，但仅只是管窥一斑，需要沉淀大量的案例和实证研究来探索适应互联时代的企业家和高管团队的胜任力结构与演化趋势。

参考文献

［1］ Ahmad N. , Kummerow L. and Wilson C. A Cross – Cultural Study of Entr – epreneurial Competencies among Business Owners in SMEs：Evidence from Australia and Malaysia ［M］ . ICSB World Conference, 2006：51.

［2］ Amit R. Zott. Value Creation in E – business ［J］ . Strategic Management Journal, 2001, 22 （6 –7）：493 –520.

［3］ Andrew Ward. The Leadership Lifecycle：Matching Leaders to Evolving Organizations ［M］ . London：Palgrave Macmilan Houndmills, 2003：278.

［4］ Alldredge M. E, Nilan K. J. 3M's Leadership Competency Model：An Internally Developed Solution ［J］ . Human Resource Management, 2000, 39 （2 –3）：133 –145.

［5］ Alec R. Levenson. Measuring the Relationship between Managerial Competencies and Performance ［J］ . Journal of Management, 2006 （6）：360 –376.

［6］ Asta Savanevičienė, Rūta Čiutienė, Aušra Rūtelionė. Examining Leadership Competencies during Economic Turmoil ［J］ . Procedia – Social and Behavioral Sciences, 2014 （156）：41 –46.

［7］ Bird B. Toward a Theory of Entrepreneurial Competency ［J］ . Advances in Ent – erpreneurship, Firm Emergence, and Growth, 1995 （2）：51 –72.

［8］ Bouee C. E. Light Footprint Management：Leadership in Times of Change ［J］ . A&C Black Business Information and Developneut, 2013 （7）：18.

［9］ Boyatzis R. E. The Competent Manager：A Model for Effective Performance ［M］ . New York：Wiley, 1982：12 –13.

［10］ Chong E . Managerial competency appraisal：A Cross – cultural Study of American and East Asian managers ［J］ . Journal of Business Research, 2008, 61

(3): 1 -200.

[11] Charles O' Reilly, Jennifer Chatman and David F. Caldwell. People and Or - ganizational Culture: A Profile Comparison Approach to Assessing Person Organization Fit [J]. Academy of Management Journal, 1991 (34): 487 -516.

[12] Chesbrough H., Rosenbloom R S. The Role of the Business Model in Capturing From Innovation: Evidence From Xerox Corporation Technology Spin off Companies [Z]. Harvard Business School, Working Paper, 2001.

[13] Chuck Lucier, Steven Wheeler, Rolf Habbel. The Era of the Inclusive Leader [J]. Strategy Business, 2007, 47 (7): 2 -14.

[14] Colombo M. G., Grilli L. Founders' Human Capital and the Growth of new Technology - based Firms: A Competence - based View [J]. Research Policy, 2005, 34 (6): 795 -816.

[15] Conger J. A., Ready D A. Rethinking Leadership Competencies [J]. Leader to Leader, 2004: 41 -47.

[16] Donald C. Hambrick and Gregory D. S. Fukutomi. The Seasons of a CEO's Tenure [J]. The Academy of Management Review, 1991, 16 (4): 719 -742.

[17] Escrig T., Bou L. A Model for Evaluating Organization Competencies: An Application in the Context of a Quality Management Initiative [J]. Decision Sciences, 2005, 36 (2): 221 -257.

[18] Finkelsteins, Hambrick D. C. Strategic Leadership: Theory and Research Executives, Top Management Teams, and Board [M]. New York: Oxford University Press, 2009.

[19] Finkelsteins, Hambrick D. C. Strategic Leadership: Top Executives and Their Effects on Organizations [M]. MN: West Publishi - ng Company, 1996.

[20] Fleteher. Standards and Competencies: A Practice Guide for Employers Management and Trainers [M]. London: Kogan, 1992.

[21] Fried J., Hansson D. H. Change the Way You Work Forever [M]. London: Vermillion, 2010.

[22] Gartner W. B., Starr J. A., Bhat S. Predicting New Venture Survival: An Analysis "Anatomy of a Startup" [J]. Journal of Business Venturing, 1998 (14):

215 – 232.

[23] Gabriele Santoro, Demetris Vrontis, Alkis Thrassou, Luca Dezi. The Internet of Things: Building a Knowledge Management System for Open Innovation and Knowledge Management Capacity [J]. Technological Forecasting and Social Change, 2018, 136 (11): 347 – 354.

[24] Geoff Ryan, Robert J. Emmerling, Lyle M. Spencer. Distinguishing High – performing European Executives: The Role of Emotional, Social and Cognitive competencies [J]. Journal of Management Development, 2009, 28 (9): 859 – 875.

[25] Guglieliemino P J. Developing the Top – level Executive for the 1980' and Beyond [M]. Training and Development, 1979: 12 – 14.

[26] Jay A. Conger, Douglas A. Rethinking Leader Competencies [J]. Leader to Leader, 2004, 32 (3): 41 – 47.

[27] Jin S. W., Yang M. Y. Revival with Opportunities and Challenges – Outlook of Silk Industry in China [J]. Bulletin of Sericulture, 2016, 47 (3): 7 – 10.

[28] Jorgen Sanberg. Understanding Human Competence at Work: An Interpretative Approach [J]. Academy of Management Journal, 2000, 43 (1): 9 – 25.

[29] June Xuejun Qiao, Wei Wang. Managerial Competencies for Middle Managers: Some Empirical Findings from China [J]. Journal of European Industrial Training, 2009, 33 (1): 69 – 81.

[30] Karel Chadt, Petr Cech. Project Manager and His/Her Competencies [J]. De Gruyter, 2015, 21 (1): 165 – 169.

[31] Kristof A. L. Person – Organization Fit: An Integrative Review of its Conceptu – alization, Measurement and Inplications [J]. Personnel Psychology, 1996, 49 (1): 1 – 49.

[32] Laura Guillén Ramo, Willem E. Saris, Richard E. Boyatzis. The Impact of Social and Emotional Competencies on Effectiveness of Spanish Executives [J]. Journal of Management Development, 2009, 28 (9): 771 – 793.

[33] Ledford G. E. Jr. Paying for the Skill, Knowledge, and Competencies of Knowledge Workers [M]. Compensation and Benefits Review, 1995, 27 (4): 55 – 62.

[34] Lerner M., Almor T. Relationships Among Strategic Capabilities and the Performance of Women – Owned Small Ventures [J]. Journal of Small Business Management, 2006, 40 (2): 19 –25.

[35] Lieberson S., O'Connor J. Leadership and Organizational Leadership and Organizational Performance: A Study of Large Corporations [J]. American Sociological Review, 1972, 37 (2): 117 –130.

[36] Man Thomas, Lau Theresa, Chan K. F. The Competitiveness of Small and Medium Enterprises: A Conceptualization with Focus on Entrepreneurial Competencies [J]. Journal of Business Venturing, 2002 (17): 123 –142.

[37] Man T. W. Y., Lau T, Snape E. Entrepreneurial Competencies and the Performance of Small and Medium Enterprises: An Investigation through a Framework of Competitiveness [J]. Journal of Small Business & Entrepreneurship, 2008, 21 (3): 257 –276.

[38] Man T. W. Y., Lau T. The Context of Entrepreneurship in Hong Kong: An Investigation Through the Patterns of Entrepreneurial Competencies in Contrasting Industrial Environments [J]. Journal of Small Business and Enterprise Development, 2005, 12 (4): 64 –81.

[39] Martin Ricketts. The Economics of Business Enterprise: An Introduction to Economics Organization and the Theory of the Firm [M]. Edward Elgar Publishing, 2002: 355.

[40] Margaret E., Alldredge, Kevin J., Nilan. 3M's Leadership Competency Model: An Internally Developed Solution [J]. Human Resource Management, 2000, 39 (3): 133 –145.

[41] Martin Ricketts. The Economics of Business Enterprise: An Introduction to Economics Organization and the Theory of the Firm [M]. Edward Elgar Publishing, 2002: 355.

[42] McClelland D. C. Testing for Competence Rather than Intelligence [J]. American Psychologist, 1973, 28 (1): 1 –40.

[43] McLagan P. A. Competency Mode [J]. Training & Development Journal, 1980, 34 (2): 22 –26.

[44] Mclagan Pat. Competencies: The next Generation [J]. Training and Development, 1997 (3): 40-48.

[45] Mirabile, Richand J. Everything you Wanted to Know About Competency Modeling [J]. Training and Development, 1997, 51 (8): 114-118.

[46] M. Warner, M. Witzel. The Virtual General Manager [J]. Journal of General Management, 1999 (4): 84.

[47] Neil C. Churchill, Virginia L. Lewis. The Five Stage of Small Business Growth [J]. Harvard Business Review, 1983 (5): 30-50.

[48] N. Gladson Nwokah, Augustine I. Ahiauzu. Managerial Competencies and Marketing Effectiveness Incorporate Organizations in Nigeria [J]. Journal of Management Development, 2008, 27 (8): 858-878.

[49] Nirachon Chuttipattana, Faridahwati Mohd. Shamsudin. Organizational Culture as a Moderator of the Personality-managerial Competency Relationship: A Study of Primary Care Managers in Southern Thailand [J]. Leadership in Health Services, 2011, 24 (2): 118-134.

[50] Norman N. Holland' Guide to Psychoanalytic Psychology and Literature and Psychology [M]. New York: Oxford University Press, 1990: 62-63.

[51] Noor Hazlina Ahmad, T. Ramayah, Carlene Wilson, Liz Kummerow. Is Entrepreneurial Competency Andbusiness Success Relationship Contingent upon Business Environment?: A study of Malaysian SMEs [J]. International Journal of Entrepreneurial Behaviour & Research, 2010, 16 (3): 182-203.

[52] Nuthall P. L. Determining the Important Management skill Competences: The Case of Family farm Business in New Zealand [J]. Agricultural Systems, 2006, 88 (2): 429-450.

[53] Osterwalder A., Pigneur Y., Tucci C L. Clarifying Business Model: Origins, Present, and Future of the Concept [J]. Communications of AIS, 2005, 15 (5): 751-775.

[54] Passow H. J. Which ABET Competencies Do Engineering Graduates Find Most Important in Their Work? [J]. Journal of Engineering Education, 2012, 101 (1): 95-118.

[55] Rappa M. A. The Utility Business Model and the Future of Computing Services [J]. IBM System Journal, 2004, 43 (1): 32 - 42.

[56] Richard E. Boyatzis. Competencies as a Behavioral Approach to Emotional Intelligence [J]. Journal of Management Development, 2009, 28 (9): 749 - 770.

[57] Richard E. Boyatzis. Competencies in the 21st century [J]. Journal of Management Development, 2008, 27 (1): 5 - 12.

[58] Ritter T., Wilkinson I. F., Johnston W. J. Measuring Network Competence: Some International Evidence [J]. Journal of Business & Industrial Marketing, 2002, 17 (2/3): 119 - 138.

[59] Rodney C. Shrader, Benjamin M. Oviatt, Patricia Phillips McDougall. How New Ventures Exploit Trade - Offs among International Risk Factors: Lessons for the Accelerated Internationization of the 21st Century [J]. The Academy of Management Journal, 2000, 43 (6): 1227 - 1247.

[60] Porvazník J., et al. Holistic Management: Pillars of Competence in Management [M]. Bratislava: IRIS, 2008.

[61] Rosenthalsa, Puttubskytl. Narcissistic Leadership [J]. The Leadership Quarterly, 2006, 17 (6): 617 - 633.

[62] Rotter J. Generalized Expectancies for Internal versus External Control of Reinforcement [J]. Psychological Monographs, 1966, 80 (1): 1 - 28.

[63] Russell, Craig J. A Longitudinal Study of Top - level Executive Performance [J]. Journal of Applied Psychology, 2001, 86 (4): 560 - 573.

[64] Siwan Mitchelmore, Jennifer Rowley. Entrepreneurial Competencies: A Literature Review and Development Agenda [J]. International Journal of Entrepreneurial Behaviour & Research, 2010, 16 (2): 92 - 111.

[65] Spencer Jr. L M, Spencer S M. Competence at Work: Models for Superior Performance [J]. Strategic Management Journal, 1991 (14): 61 - 74.

[66] Sydänmaanlakka P. An Intelligent Organization: Integrating Performance, Competence and Knowledge Management [J]. Rev. bras. frutic, 2002, 25 (1): 63 - 66.

[67] Tom Durgin. Implementing a Successful Competency Model [J]. Human

Capital Institute, 2006 (8): 1 - 10.

[68] Vakolam, Soderquistke, Prastacosgp. Competency Management in Support of Organizational Change [J]. International Journal of Manpower, 2007, 28 (4): 260 - 275.

[69] Von Krogh G., Roos. A Perspective on Knowledge, Competence and Strategy [J]. Personnel Review, 1995, 24 (3): 56 - 76.

[70] William C. Byham, Reed P. Moyer. Using Competencies to Build a Successful Organization [M]. Development Dimensions International Inc., 1996.

[71] 安德鲁·沃德. 领袖的生命周期：使领袖与进化中的组织相适应 [M]. 木易译. 北京：经济管理出版社，2004：3.

[72] 曹建彤，楚秀如，刘丹. 中国 IT 企业领导者胜任力模型及其对企业绩效的影响 [J]. 北京邮电大学学报（社会科学版），2017，19（1）：44 - 55.

[73] 曹世中. 十年史玉柱 [J]. 新财经，2007（10）.

[74] 曹志成，刘伊生. 基于主成分分析法和层次分析法的工程项目经理胜任力评价研究 [J]. 工程管理学报，2017，31（3）：114 - 118.

[75] 柴梅，阿依努尔·艾孜木，韩芳. 基于企业生命周期的企业家胜任力模型研究 [J]. 经济研究导刊，2010（16）：23 - 24.

[76] 陈春花. 传统企业数字化转型的六个关键认知 [EB/OL]. 春暖花开公众号，2019 - 05 - 20.

[77] 陈春花. 协同取代“分工”成管理效率之源 [EB/OL]. http://www.chinaz.com/visit/2017/1120/829661.shtml，2017 - 11 - 20.

[78] 陈春花，廖建文. 顾客主义，数字化时代的战略逻辑 [EB/OL]. 春暖花开公众号，2019 - 03 - 11.

[79] 建立生态型企业——企业的生态化战略 [EB/OL]. https://www.jianshu.com/p/419734fb2a7d.

[80] 陈守明，郑洪亮. 高阶理论的认知逻辑及其管理实践含义 [J]. 经济论坛，2009（16）：4 - 6.

[81] 陈万思. 人力资源管理人员胜任力模型构建的企业实践 [J]. 科技进步与对策，2006，23（3）：40 - 42.

[82] 程丹，聂树树，桂庆. 人工智能背景下高新技术企业产品经理胜任力

模型构建研究［J］．中国管理信息化，2019，22（8）：74－75.

［83］程国平．经营者激励——理论、方案与机制［M］．北京：经济管理出版社，2002：21.

［84］程欢．互联网企业文化建设及对策分析［D］．北京交通大学，2012.

［85］成时．史玉柱传奇［M］．北京：中国经济出版社，2009.

［86］楚秀如．中国IT领导者胜任力模型及其对企业绩效的影响［D］．北京邮电大学，2017.

［87］崔建．中国互联网企业的企业文化建设问题研究［D］．北京邮电大学，2012.

［88］戴素菊．史玉柱的人生哲学［M］．杭州：浙江人民出版社，2009.

［89］丁栋虹．企业家成长制度论［M］．上海：上海财经大学出版社，2000.

［90］董临萍，张文贤．国外组织情境下魅力型领导理论研究探析［J］．外国经济与管理，2006（11）：20－27，58.

［91］董晓飞．互联网企业组织结构类型的选择与比较［J］．企业改革与管理，2019（1）：8－14.

［92］杜丙治．企业文化、胜任力与绩效关系研究［D］．重庆大学，2010.

［93］段超．互联网时代基于顾客价值的企业组织结构变革案例研究及应用［D］．西安外国语大学，2018.

［94］方世建，秦正云．创业过程中的企业家机会发现研究［J］．外国经济与管理，2006，28（12）：18－24.

［95］方向明，皮昊，韩慧．史玉柱：大祸与大惑［J］．中国企业家，1997（1）.

［96］方永瑞．基于胜任力的人力资源管理模式研究［D］．东北大学，2005（3）.

［97］冯红英．基于胜任力模型的国企高管激励体系构建［J］．中国人力资源开发，2015（18）：53－62.

［98］龚丽敏，江诗松，魏江．试论商业模式构念的本质、研究方法及未来研究方向［J］．外国经济与管理，2011（3）：1－8.

［99］关钰桥，孟涛．分享经济背景下企业商业模式比较分析——以美国

Uber 与中国滴滴为例［J］. 企业经济，2018（4）：27 – 35.

［100］侯典牧，陈琼. 互联网时代企业组织结构变化的新趋势［J］. 中国集体经济，2016（30）：61 – 62.

［101］顾琴轩，李剑，朱牧. 转型期国有企业中层管理人员胜任力的研究［J］. 东华大学学报（自然科学版），2001，27（5）：4 – 9.

［102］顾育豹. 史玉柱：绝地反击的榜样［J］. 商业文化，2008（11）：46 – 49.

［103］韩帅. 科技型中小企业成长期高管胜任力指标体系构建及评价研究［D］. 天津财经大学，2014.

［104］何志工，李辉. 基于胜任素质的招聘与甄选［M］. 北京：中国劳动社会保障出版社，2006.

［105］胡穗华. 广东省企业高管胜任力的模糊测度研究［J］. 科技管理研究，2010（15）：55 – 58.

［106］胡文俊，邓虹. 大数据时代对企业经营决策的影响分析［J］. 商业经济研究，2016（7）：80 – 82.

［107］黄永春，雷砺颖. 新兴产业企业家创业胜任力的构成体系研究——基于创业机会理论的探索性分析［J］. 南京社会科学，2017（2）：53 – 59.

［108］吉凌，邓序波. 企业生命周期与独裁式领导［J］. 中外管理，2008（8）：50 – 51.

［109］贾根良等. 制度与演化经济学现代文选：关键性概念［M］. 北京：高等教育出版社，2005：125.

［110］交大华南班. 基于互联网的商业模式创新［EB/OL］. 搜狐科技版，http：//www. sohu. com/a/168921463 – 777120.

［111］金定海，顾海伦. 论互联网企业的定义与再定义问题［J］. 现代传播（中国传媒大学学报），2016，38（5）：137 – 142.

［112］柯翔，程德俊. 国有企业高层经营管理者胜任力特征模型研究［J］. 江海学刊，2006（2）：227 – 231.

［113］寇立仪. 社会化网络环境下的企业营销胜任力研究［D］. 北方工业大学，2016.

［114］拉比尔·S. 巴塞. 情境管理：全球新视角［M］. 石晓军，刘宇，李

恒金译，北京：机械工业出版社，2000：14.

［115］乐国林，毛淑珍．企业骨干人才招聘甄选的双匹配策略［J］．中国人力资源开发，2010（4）：18－21.

［116］乐国林，毛淑珍．企业家精神地域差异与区域民营经济增长研究［J］．商业经济与管理，2011，1（7）：43－50.

［117］乐国林，张玉利．社会资本结构演变与我国家族企业发展演化［J］．当代财经，2006（3）：66－70.

［118］乐国林．文化资本与企业成长关系研究［M］．北京：经济科学出版社，2010（3）：98－113.

［119］黎赔肆，李利霞，戴志辉．企业家生命周期理论研究现状及评述［J］．南华大学学报（社会科学版），2010，11（5）：65－68.

［120］李碧影，祁荣珊．基于D－S/AHP的战略决策模型［J］．中国市场，2018（21）：82－83.

［121］李健．基金会秘书长胜任力模型实证研究［J］．软科学，2014，28（10）：82－86.

［122］李江，和金生，王会良．基于情境管理的隐性知识管理方法研究［J］．科学学与科学技术管理，2008（8）：77－85.

［123］李金早，许晓明．高阶管理理论及其完善与拓展［J］．外国经济与管理，2008（18）：8－16.

［124］李龙，刘纯阳．农业龙头企业管理者胜任力与其管理绩效的关系［J］．湖南农业大学学报（社会科学版），2015（1）：35.

［125］李麦可．在星巴克遇见德鲁克：和大师一起喝咖啡、谈管理、聊人生［M］．北京：化学工业出版社，2013.

［126］李茜．制度前因与高管特点：一个实证研究［J］．管理世界，2010（10）：110－121.

［127］李元勋．我国中级职业经理人的模型实证研究［J］．中大管理研究，2011，6（4）：59－79.

［128］廖钱波．互联网行业中层管理者胜任力模型构建研究［D］．北京邮电大学，2012.

［129］林立杰，修莹，钟全雄．现代农业信息化指数测评体系构建［J］．

情报科学，2015（6）：63－70.

［130］刘晖．人工智能企业产品经理胜任力模型构建研究［D］．安徽大学，2019.

［131］刘陆芳，董婉玲，郭庆科．基于历史测量法的企业家胜任特征模型［J］．心理研究，2008，1（5）：51－56.

［132］刘文凯，胡同泽．农民专业合作社带头人胜任力模型构建研究［J］．广东农业科学，2011（1）：242－244.

［133］刘学方，王重鸣，唐宁玉．家族企业接班人胜任力建模——一个实证研究［J］．管理世界，2006（5）：96－106.

［134］刘永根，石玉雏，蔡翔．初创企业创业者胜任力的构成体系研究［J］．技术经济与管理研究，2018（5）：39－45.

［135］鲁竞夫．胜任力模型的分析与应用——以深圳某 IT 企业为例［J］．现代商业，2014（17）：176－177.

［136］罗珉，李亮宇．互联网时代的商业模式创新：价值创造视角［J］．中国工业经济，2015（1）：95－107.

［137］马宽．互联网企业中层管理者胜任力模型构建与实证研究［D］．浙江师范大学，2016.

［138］纳尔森，温特．经济变迁的演化理论［M］．北京：商务印书馆，1997：19.

［139］潘治．互联网时代组织创新管理研究［D］．苏州科技大学，2016.

［140］彭赓，龙海泉，吕本富．互联网企业的竞争战略［J］．管理学家（学术版），2010（2）：36－50.

［141］彭剑锋．员工素质模型设计［M］．北京：中国人民大学出版社，2003.

［142］戚东梅，秦辉．企业生命周期与民营企业的成长［J］．经济界，2003（6）：27.

［143］萨尔．为什么好公司会变糟：“行为惯性”理论的一种解释［J］．新华文摘，2000（6）：160－164.

［144］盛昭翰，蒋德鹏．演化经济学［M］．上海：上海三联书店，2002：129.

［145］宋培林．论企业经营者成长的微观机制［M］．贵阳：贵州人民出版社，2003.

［146］宋培林．基于企业成长不同阶段的企业家胜任力结构辨析［J］．管理学家（学术版），2010（2）：51－61.

［147］宋培林．试析企业成长不同阶段的企业家胜任力结构及其自我跃迁机理［J］．经济管理，2011，133（3）：183－190.

［148］宋志平：企业要有互联网思维［EB/OL］．http：//www. cnbm. com. cn/wwwroot/c_ 000000020006/d_ 45552. html.

［149］苏荣．借4000元人民币起家——史玉柱传奇性的创业经历［J］．中国林业产业，2010（3）．

［150］唐凤凤．基于企业生命周期的经理人胜任力演化研究［D］．青岛理工大学硕士学位论文，2011：21－54.

［151］唐凤凤，张磊．基于企业生命周期的经理人胜任力研究［J］．公司治理评论，2011（2）：164－181.

［152］唐华山．史玉柱创业启示录［M］．北京：人民邮电出版社，2010.

［153］田宛毅．民营企业家胜任力模型的构成要素［J］．经济论坛，2010（7）：209－211.

［154］王炳成．企业生命周期研究述评［J］．技术经济与管理研究，2011（4）：52－55.

［155］王超．互联网背景下专业技术人员创业团队胜任能力与行动学习策略研究［D］．浙江大学，2015.

［156］汪金爱，宗芳宇．国外高阶梯队理论研究新进展：揭开人口学背景黑箱［J］．管理学报，2011，8（8）：1247－1255.

［157］王重鸣．管理心理学［M］．北京：人民教育出版社，2000：22－28.

［158］王重鸣，陈民科．管理胜任力特征分析：结构方程模型检验［J］．心理科学，2002（5）：513－516.

［159］王广民．企业经营者胜任力特征研究［D］．北京物资学院，2009.

［160］王海燕．北京地区IT业管理层胜任力特征结构与关键要素解析研究［J］．北京工商大学学报（自然科学版），2009，27（3）：69－73.

［161］王建民，柯江林，徐东北．国际化战略中的中国企业高管团队胜任力实证研究［J］．东南大学学报（哲学社会科学版），2015（2）：52－63.

［162］王建民，杨木春．胜任力研究的历史演进与总体走向［J］．改革，2012（12）：138－144.

［163］王鲁捷，崔蕾，陈龙．企业中层管理者胜任力研究［J］．中国人力资源开发，2006（2）：71－75.

［164］王是平．并购企业高层管理团队胜任力特征模型的探索与验证［J］．生产力研究，2012（1）：210－212.

［165］王书坚．从两个生命周期理论看国有企业领导人员激励监督机制问题［J］．华东经济管理，2001，15（4）：43－48.

［166］王硕．经营者胜任力与企业生命周期适应性研究［D］．石家庄经济学院，2009.

［167］王维维．互联网对创业的影响研究［D］．浙江大学，2017.

［168］王文彬．对史玉柱“巨人现象”的思考［J］．中国民营科技与经济，2001（3）.

［169］王育琨．史玉柱巨人的“征途”［J］．中国民营科技与经济，2008（1）.

［170］王育琨．史玉柱东山再起的标示意义［J］．西部论坛，2008（6）.

［171］王志平．试述“企业家生命周期”［J］．上海管理科学，1995（5）：24－25.

［172］魏雅华．史玉柱：从中国“首负”到中国“首富”——史玉柱是只不死鸟［J］．中国高新区，2008（5）.

［173］吴明．史玉柱的团队管理之道［J］．企业文化，2009（2）.

［174］翁君奕．介观商务模式：管理领域的“纳米”研究［J］．中国经济问题，2004（1）：34－40.

［175］吴林峰，任佩瑜．基于企业生命周期的领导行为与组织绩效关系探析［J］．商业时代，2012（4）：86－87.

［176］吴梅．企业人力资源管理胜任素质模型的构建［J］．统计与决策，2015（13）：186－188.

［177］徐明天．史玉柱批判［M］．北京：企业管理出版社，2009.

［178］闫甜．史玉柱症结：投资战略失误——在冰与火中挣扎的巨人［J］．中国投资，2005（3）．

［179］伊查克·爱迪斯．企业生命周期［M］．北京：中国社会科学出版社，1997：254－255.

［180］杨华浩．企业靠什么取胜——从张瑞敏看史玉柱［J］．创新科技，2002（5）：32－33.

［181］杨连柱．史玉柱如是说——中国顶级 CEO 的商道真经［M］．北京：中国经济出版社，2008.

［182］杨木扬．中国中小民营 IT 企业领导者胜任力研究［D］．北京邮电大学，2015.

［183］姚东．论互联网经济下的企业家精神［EB/OL］．http：//www. sino－manager. com/59397. html.

［184］俞函斐．互联网嵌入对创业机会识别的影响［D］．浙江大学，2014.

［185］余瀛波．华商名人堂：是非史玉柱［M］．青岛：青岛出版社，2011.

［186］原磊．商业模式分类问题研究［J］．中国软科学，2008（5）：35－44.

［187］袁茵，邓攀．史玉柱：拧巴着“出世”［J］．中国企业家，2011（7）．

［188］曾秀萍，王婷．南康家具业企业家胜任力模型构建研究［J］．赣南师范大学学报，2018，39（6）：141－146.

［189］张东红，石金涛．大型国有企业领导者胜任力指标体系研究［J］．现代管理科学，2010（8）：15－17.

［190］张丽．企业不同层级管理者胜任力与工作绩效的关系研究［D］．西南大学，2018.

［191］张培霞．企业家胜任力模型构建研究［D］．内蒙古财经大学，2015.

［192］张爽．互联网企业的“出海”挑战［J］．互联网经济，2017（Z2）：20－25.

［193］张翼．史玉柱：生怕头脑再发热［J］．招商周刊，2005（50）：9－10.

[194] 张月云，方承武．领导者胜任力模型应用失效的原因分析及对策探究［J］．商场现代化，2010（12）：165－167.

[195] 赵丰．零售企业中层管理者胜任力模型构建研究［D］．山东大学，2015.

[196] 赵曙明，杜娟．企业经营者胜任力及测评理论研究［J］．外国经济与管理，2007，29（1）：33－40.

[197] 郑保清．基于胜任力的中小企业高管人员甄选模型及实证研究［D］．河北工程大学，2009.

[198] 郑晓丹．"互联网＋"思维对企业管理创新的启示［J］．人民论坛，2015（35）：95－97.

[199] 郑湛，徐绪松，赵伟，马海超，陈达．面向互联网时代的组织架构、运行机制、运作模式研究［J］．管理学报，2019，16（1）：45－52.

[200] 郑湛，徐绪松，朱国宾，赵伟，郑小京．大组织理论研究［J］．管理学报，2015，12（4）：522－529.

[201] 周劲波，宋雪．国际新创企业的企业家特定能力研究——基于企业生命周期理论的视角［J］．福建商业高等专科学校学报，2014（4）：42－48.

[202] 周亮．海南互联网企业高管胜任力研究［D］．海南大学，2018.

[203] 周涛．基于企业生命周期的企业家评价研究［D］．山东科技大学，2007.

[204] 仲理峰，时勘．胜任特征研究的新进展［J］．南开管理评论，2003（2）：4－8.

[205] 朱瑛石．沉浮史玉柱［M］．北京：当代中国出版社，2006.

[206] 朱永跃，张提．基于服务化转型视角的制造业企业家胜任力研究［J］．企业经济，2014（2）：21－25.

附 录

关于企业发展不同阶段业绩优秀的高管人员特征调查

编号：（不用填写）________

尊敬的女士/先生：您好！

我们正在从事一项有关优秀高管人员如何适应企业各阶段发展的研究，希望本研究能为企业的人才选拔、培养和任用，提供实用的参考依据。很荣幸能够得到您帮助开展此项调查，本调查不需署名、调研结果只作为研究使用，请您放心填写！请您根据填写要求，将您认为合适的数字编码填入相应的（ ）即可，请关注题项中有关“注意”的提示。

★说明：本研究把企业发展分为四个阶段：创业生存阶段、业务规模快速成长阶段、稳定有实力的成熟阶段、衰弱危机阶段。

华南理工大学工商管理学院

2012 年 6 月 10 日

◆基本情况

1. 您目前担任的管理岗位属于（ ）。

A. 高管层　　B. 中层管理　　C. 基层管理

2. 您自第 1 次任经理级岗位至今有________年。

3. 您现在的管理岗位属于哪类管理部门（ ）。

A. 职能管理　　B. 生产业务　　C. 市场营销业务

D. 研发或技术开发业务　　E. 供应链或后勤管理

4. 您所在公司所有制形式主要属于（　）。

A. 国有或国有控股　　B. 民营集体企业

C. 民营家族企业　　D. 外商独资或控股

E. 其他

5. 您的教育背景是（　）

A. 硕士及以上　B. 大学本科　C. 大学专科　D. 高中及以下

6. 在您的经理或高管职业生涯中，您负责的部门或团队，是否因为业绩突出、岗位工作出色而获得过个人或集体的重要奖励？（　）

A. 暂时还没有　B. 有过 1 ~2 次　C. 多次获得

◆访问调研

1. 企业在不同成长阶段，面临经营发展的任务和环境有很大区别，请您从以下任务环境框中选择合适的词条数字编码，按您认为的重要性排序，放在企业发展各阶段（　）中。

（注意：每个阶段选 2 条排序，不同阶段可以有重复选项）

（1）创业生存阶段任务环境：第一位（　）；第二位（　）

（2）快速成长阶段任务环境：第一位（　）；第二位（　）

（3）稳定成熟阶段任务环境：第一位（　）；第二位（　）

（4）衰退危机阶段任务环境：第一位（　）；第二位（　）

1. 创业机会把握与转化	2. 寻找资源解决生存难题	3. 制度规范与流程梳理
4. 产品打开销售市场	5. 追求市场扩张和占有率	6. 高效客户运作与管理
7. 稳定生产，质量可靠	8. 追求成本控制	9. 研发创新，保有核心技术
10. 关键人才全面引入或保留	11. 产权结构治理	12. 组织、人员和领导的变革与治理
13. 整合资源建立竞争优势	14. 品牌塑造与推广	15. 有效的战略规划，或战略转移调整
16. 企业外部关系的营造	17. 危机公关稳定业务	18. 企业文化建设，或文化变革创新
19. 资本与融资运作	20. 多元化或产业链扩张	21. 产品或产业变革与创新

2. 作为企业高管人员（或企业家），要想取得优秀或卓越业绩，在企业成长

不同阶段，应当具备哪些知识与技能？

请您从以下知识能力框中选择合适的词条数字编码，按您认为的重要性排序，放在企业发展各阶段（ ）中（注意：每个阶段选 2 条排序，不同阶段可以有重复选项）。

（1）创业生存阶段的知识技能：第一位（ ）；第二位（ ）

（2）快速成长阶段的知识技能：第一位（ ）；第二位（ ）

（3）稳定成熟阶段的知识技能：第一位（ ）；第二位（ ）

（4）衰退危机阶段的知识技能：第一位（ ）；第二位（ ）

1. 学历较高	2. 行业工作经验	3. 专业技能掌握	4. 出色的管理岗位经历
5. 市场感知能力	6. 机会分析和把握能力	7. 计划执行能力	8. 财务成本知识
9. 目标管理能力	10. 战略规划能力	11. 授权技巧	12. 冲突管理能力
13. 人际沟通能力	14. 决策判断能力	15. 激励下属能力	16. 团队组织能力
17. 关系协调能力	18. 监督控制能力	19. 文化建设能力	20. 学习创新能力
21. 资源整合能力	22. 信息开发能力		

3. 作为企业高管人员（或企业家），要想取得优秀或卓越业绩，在企业成长各个阶段，应当具备哪些职业个性与职业动机？

请您从以下个体特征框中选择合适的词条数字编码，按您认为的重要性排序，放在企业发展各阶段（ ）中（注意：每个阶段选 2 条排序，不同阶段可以有重复选项）。

（1）创业生存阶段的个性动机：第一位（ ）；第二位（ ）

（2）快速成长阶段的个性动机：第一位（ ）；第二位（ ）

（3）稳定成熟阶段的个性动机：第一位（ ）；第二位（ ）

（4）衰退危机阶段的个性动机：第一位（ ）；第二位（ ）

1. 强烈的自我实现需求	2. 强烈的结果/任务导向	3. 高度的关系导向	4. 良好的自我控制力
5. 风险承受力和冒险意识	6. 极强的自信心	7. 较强的忍耐力	8. 富有激情和感染力
9. 情绪压力调节能力	10. 主动担当意愿	11. 善适应多种变化	12. 稳重内敛
13. 自我反省意识与强度	14. 高度的敬业精神	15. 良好的理性思维	

4. 作为企业高管人员（或企业家），要想取得优秀或卓越业绩，在企业成长不同阶段，应当重点发展哪些行为品质、职业角色？

请您从以下角色品质框中选择合适的词条数字编码，按您认为的重要性排序，放在企业发展各阶段（　）中（注意：每个阶段选 2 条排序，不同阶段可以有重复选项）。

（1）创业生存阶段的角色品质：第一位（　）；第二位（　）

（2）快速成长阶段的角色品质：第一位（　）；第二位（　）

（3）稳定成熟阶段的角色品质：第一位（　）；第二位（　）

（4）衰退危机阶段的角色品质：第一位（　）；第二位（　）

1. 机会洞察力	2. 管理角色把握	3. 知人善任	4. 强烈的责任感
5. 大局观和远见力	6. 整合关系	7. 表率示范	8. 非权力性影响力
9. 老道的为人处世	10. 人本关怀	11. 换位思考意识	12. 开放包容
13. 敢于和善于吃亏	14. 专业且规范	15. 有亲和力	

5. 请对以下观点发表您的看法（只需要在相应表格中打“√”即可）：

	赞同	比较赞同	中立	不太赞同	不赞同
1. 有过创业经历的高管更能胜任企业发展各阶段的经营管理					
2. 高管人员知识和能力容易适应企业经营和竞争环境的改变					
3. 任职行业越多的高管越能胜任企业发展各阶段的经营管理					
4. 有过大企业管理经历的高管更能胜任企业发展各阶段的经营管理					
5. 任职企业数量越多的高管越能胜任企业发展各阶段的经营管理					
6. 不能适应企业经营和竞争环境改变的高管人员，被调离或免职，主要是由于其知识和能力的提高，达不到要求					

续表

	赞同	比较赞同	中立	不太赞同	不赞同
7. 高管工作经历长的人比经历短的人更能胜任企业发展各阶段的经营管理					
8. 不能适应企业经营和竞争环境改变的高管人员，被调离或免职，主要是由于其个性或领导风格，难以融入新形势					
9. 能够在同一家企业胜任企业发展各阶段经营管理的人极其少					
10. 在高管胜任企业发展各阶段的经营管理方面，知识能力比个性和管理品性更重要					
11. 当企业发展遇到瓶颈或危机时，从企业内部更换高管人员比从外部引进高管人员，经营效果一般会更好					

后　记

《菜根谭》云：“读书不见圣贤，如铅椠庸；讲学不尚躬行，如口头禅；立业不思种德，如眼前花。”作为进入企业管理领域的后学者，博士毕业后我常深感自己在“读书”止于浅尝、“讲学”觉来肤浅，尤感半路踏进企业研究的单薄，因此，一直希望能够有机会在管理学的理论与实践方面得到名师圣贤的进一步指点。恰在知行困顿之时，得遇良机跟随陈春花老师从事博士后研究，陈老师在学界和商界“执牛耳”之名望及其关怀学生成长的拳拳之心，使我觉得自己幸甚至哉！

进站后，陈老师对我未来研究方向、在站期间研究重点、研究论文的关键点给予高屋建瓴的指导和点拨，为了让我在本土企业成长和中国本土管理思想方面能够进入状态，导师在课题申请、实践感知，特别是学术交流方面，尽心竭力地创造机会，提供平台；更让我感动的是：陈老师考虑到我“北雁南飞”、携家带口的实情，宽允我灵活安排学习、工作和生活的时间，并且只要我来到广州必定要专门挤出时间进行面对面指导。“德高为师、身正为范”，在两年跟随陈老师学习和工作中，陈老师宽达的视野、敏锐的洞察力、简洁的思维、紧凑的工作安排、干练的行动力与随和的教诲，都给我留下了深刻的印象，给了我许多“无言”的教诲！

感谢博士后学习与工作期间，华南理工大学各位领导和老师给予我的关心和帮助，特别是参与答辩的各位老师，在百忙中不吝赐教！华南理工大学工商管理学院传承和发扬的工科商学严谨、量化、求实的科研氛围，使我领略了商学发展的另一种“风景”，给予我深刻的启发。学院各位老师的治学之风也使我深受教益。感谢“知行社”的各位同门，如刘祯、鸿志、海燕、玉环、冰心、俊健、晓立等，同门有缘、分享给力、相助得益、共同成长，愿我们在陈老师的知行“航母”上乘风而进、缔造航标！感谢博管办朱志成老师为我在华南理工大学的工作提供了许多宝贵的机会，彼此真诚交流沟通，相与为友；清新可爱的曾瑞兰老师，为我适应华工校园生活和顺利进展及出站提供了许多无私的帮助，在此深表谢意！

特别感谢我的朋友兼师兄曾昊，十多年前的相识成就了一生的友谊，能够在博士和博士后共同在两位导师门下受教，这种同门之谊实属难得，感谢曾昊师兄长期以来的无私相助！当然，要特别感谢我的家人，尤其是妻子毛淑珍博士，淑慎礼贤、宽爱持家，没有她给力的支持和坚定的后方，就难以有今天的顺利出站！我要特别感谢她为我们送来一生的"礼物"——可爱的天使乐可伊，她的欢笑与期待就是我永远的动力！

博士后出站至今已经多年，组织行为与 HR 理念领域已经发生了更大的变革，商业的环境已经从互联时代进入了移动智能互联的新时代，企业经营和组织管理正在发生革命性的变革，企业高管的胜任力相应也在发生结构演化和创新。因此，在博士后出站报告确定要出版之际，我对其背景、意义特别是参考文献部分重新进行了梳理，在整体结构上增加了"互联网企业的高管胜任力"的内容，以此探索适应智能互联时代企业成长的高管胜任力结构特征。

感谢我的研究生唐凤凤（参与第三章、第七章）、张新颖（参与第六章）、李珍（参与第一章）、张昕同学（参与第二章）在书稿内容更新和成稿中所做出的努力！最后，感谢经济管理出版社的支持！

任何一个文字的"铿锵落地"都与无数的思想者、书写者、付梓者乃至阅读者共生共鸣息息相关，我期待此书能为企业家和学者加深高管胜任力的理解提供有价值的帮助，期待这一主题有更加精彩的实践与研究！

乐国林

2019 年 9 月于青岛西海岸新区·怡翠山庄